Rainer Schepper

Denn es steht geschrieben

Philosophie

Band 29

LIT

Rainer Schepper

Denn es steht geschrieben

Predigten eines Ungläubigen

Kritische Gedanken zum Neuen Testament

LIT

Mein besonderer Dank gilt Luzie Diner, die mich beharrlich dazu anregte, die unterbrochene Arbeit an diesem Buch zu vollenden, und Helmut Thomas, der den Text satzfertig auf Diskette erfaßte und zur Verfügung stellte.

Dieses Buch widme ich Luzie Diner.

Die Deutsche Bibliothek – CIP-Einheitsaufnahme

Schepper, Rainer
Denn es steht geschrieben : Predigten eines Ungläubigen ; Kritische Gedanken zum Neuen Testament / Rainer Schepper . – Münster : LIT, 1998
    (Philosophie ; 29.)
    ISBN 3-8258-3289-9

NE: GT

© LIT VERLAG
  Dieckstr. 73 48145 Münster Tel. 0251–23 50 91 Fax 0251–23 19 72

Inhalt

Vorwort

1993 veröffentlichte Rainer Schepper seine systematische Analyse der Ethik des Alten Testamentes unter dem Titel: „Gott beim Wort genommen" - ein Werk, das inzwischen als Klassiker innerhalb der kritischen Bibel-Literatur gelten kann. Mit dem jetzt veröffentlichten neuen Buch dehnt er seine kritischen Analysen auf das Neue Testament, insbesondere auf die Evangelien aus. Auch dieses neueste Buch von Rainer Schepper ist getragen und durchdrungen vom unbestechlichen Geist eines ethisch geprägten Humanismus, der die Evangelien engagiert, aber vorurteilsfrei unter einem einzigen Gesichtspunkt würdigt: dem der integren Menschlichkeit und der für alle ohne Ausnahme geltenden Menschenrechte. Auch dort, wo der Autor die Waffe der Satire, der Ironie, des Spotts einsetzt, geschieht dies ausschließlich aus humanen Beweggründen, um die Fassaden und Illusionen falscher Christlichkeit, die sich in zwei Jahrtausenden Christentumsgeschichte gebildet haben, abzubauen.

Es lag nicht in der Intention des Autors, die historisch-kritische Methode auf die Texte der Evangelien anzuwenden. Diese Methode gelangt ja bekanntlich zu dem eindeutigen Schluß, daß höchstens 10 bis 15 Prozent der Aussagen der Evangelien auf Jesus selbst zurückgehen, wobei es allerdings weiterhin überaus strittig bleibt, welche Aussage nun wirklich ein Wort oder eine Tat Jesu darstellt. Nein, die Fragestellung und Zielsetzung des Autors war von vornherein eine andere, eine durch und durch ethisch geprägte: nämlich die uns vorliegenden Evangelien, wie sie die Kirche als Offenbarung und als Wort Gottes ihren Gläubigen darreicht, auf ihren humanen und sittlichen Wert hin zu untersuchen.

Mit dieser besonderen Zielsetzung hat das Buch seinen eigenen unverwechselbaren Platz in der neutestamentlichen Bibel-Literatur und wird damit auch die ihm angemessene Aufmerksamkeit finden.

Prof. Dr. Hubertus Mynarek

Praedico

Darf ein Ungläubiger Predigten schreiben? Dazu einer, der obendrein noch Apostat ist, Abtrünniger, einst im Schoße der Kirche geboren und mit dem Heiligen Geiste des Christentums getauft? Ist das nicht Sakrileg, Blasphemie?

Schlimm genug - in den Augen der Alleinseligmachenden -, daß es in allen Jahrhunderten immer wieder Häretiker und Schismatiker gegeben hat, die freilich noch auf dem Boden des christlichen Urglaubens verblieben. Nun aber einer, der den geliebten heiligen Boden radikal verlassen hat, der sich abwandte von Gott und allen seinen Institutionen? Predigt, dieser Begriff aus dem Lateinischen entlehnt, meint von seinem Wortsinn her nichts anderes als die Verkündigung, die öffentliche Bekanntmachung, das Ausrufen des Gesagten oder Sagbaren. Dieses Privileg, nämlich das nach der Verkündigung an Hand der überlieferten „Heiligen Schrift", hat sich die Kirche - ich begreife hier die nachreformatorischen Kirchen mit ein - allein vorbehalten, viele Jahrhunderte hindurch. Schriftdeutung, Schriftauslegung, Schriftverkündigung war und blieb bis heute fast ausschließlich Sache der Theologie, und diese Wissenschaft setzt als Prämisse den Glauben, nämlich an den dreieinigen Gott und damit an Christus als Gottes Sohn. Dieser Glaube kulminiert in einem zwar bezeugten, dennoch unbewiesenen Ereignis, das heißt, er steht und fällt mit der Auferstehung Christi; denn: „Ist aber Christus nicht auferstanden, so ist euer Glaube nichtig" (1 Kor. 15, 17), wie Paulus ausdrücklich betont. Glaube aber ist nicht Wissen, er setzt notwendig Nichtwissen voraus.

Dieses Nichtwissen wurde gläubig in fast zwei Jahrtausenden den Gläubigen (und zum Glauben Gezwungenen) von allen Kanzeln, die sich über den ganzen Globus ausdehnten, verbreitet, dazu in ungezählten theologisch-wissenschaftlichen Lehrbüchern und trivialen Traktaten. Seit Paulus - im Gegensatz zu Jesus! - eine männliche Verkündigung aus männlichem Denken, patriarchalisches Gedankengut reinsten Wassers. Die Menschen wurden von dazu eigens geweihten Männern abgekanzelt und mußten sich abkanzeln lassen, nach der Vorlage der „Heiligen Schrift" und nach der Willkür jeweiliger Schriftdeutung.

Texte, sofern sie die Zeiten überdauern, haben ihre Rezeptionsgeschichte, sie werden zu verschiedenen Zeiten mit unterschiedlichen Augen und wechselndem Verständnis gelesen. Das ist selbst innerhalb des Lehramtes der über die linientreue Auslegung der „Heiligen Schrift" eifersüchtig wachenden Kirche der Fall. Theologischer Fortschritt wird nach Möglichkeit institutionell gezügelt und nötigenfalls laut zurückgepfiffen. Das kennt man bei uns spätestens seit Luthers Zeiten bis hin zu den Auseinandersetzungen der Amtskirche mit unbotmäßig selbständig denkenden Theologen wie Schell, Küng, Ranke-Heinemann und Drewermann.

Der Ungläubige hat es da leichter, jedenfalls heutzutage. In zurückliegenden Jahrhunderten wäre er unweigerlich mit der Folter und dem Scheiterhaufen konfrontiert, ja von diesen vernichtet worden. Jene Zeiten sind (darf man sagen „Gott"(?) Dank?) jedenfalls bei uns zu Lande vorbei. Die Gründe für diesen Wandel seien dahingestellt. Sie sind vielfältiger Natur und müssen hier nicht erörtert werden.

Um aber auf den Ungläubigen zurückzukommen: der Weg von der in Andacht und Ehrfurcht empfangenen ersten heiligen Kommunion im Jahre 1936 bis zum Augenblick des offiziellen Kirchenaustritts 1970 war kein leichter, erst recht kein leichtfertiger. Nicht äußere Gründe, erst recht nicht Unkenntnis der Glaubensinhalte, haben dazu geführt, das im Alter von fünf Tagen aufgenötigte Taufgelübde zu brechen und den eigenen Weg zu suchen und zu gehen, abseits des Kirchweges und abseits von Gott (im Verständnis überlieferter Tradition).

Doch nicht Persönliches soll hier ausgebreitet, sondern Erarbeitetes und Erkanntes - wie sagt man so schön: nach bestem Wissen und Gewissen - gesagt werden, öffentlich gesagt: praedico, ich predige. Freilich, aus meiner Sicht, aus dem Verständnis unserer Tage, aus der Erfahrung unserer Gesellschaft und in der geschichtlichen Situation des 20. Jahrhunderts und zweiten Jahrtausends unserer Zeitrechnung. (Die Geburt Jesu fand bekanntlich nicht im Jahre 1 statt.)

Zum Gegenstand nehme ich hauptsächlich markante Aussprüche Jesu (in der Überlieferung der Synoptiker) sowie solche des Fanatikers Saulus (genannt Paulus) als des eigentlichen Begründers des Christentums, wobei die Überlieferungen des Johannes und des Petrus nicht übergangen werden sollen.

Auch ich lege Zeugnis ab, Zeugnis als Ergebnis jahrzehntelangen Ringens um den Glauben, dann um Erkenntnis, dann um ethische Befreiung aus den Fesseln christlicher Moral; und das heißt Loslösung und Abwendung vom Christentum und seinem Gott.

Ist das erlaubt?

„Dat dat dat darf!" sagt verwundert der Kölner, wenn ihm etwas unerlaubt erscheinen will. Und wenn er es dann doch für erlaubt hält, bestätigt er: „Dat darf dat!"

Spaß beiseite: natürlich weiß ich, spätestens seit Uta Ranke-Heinemanns und Gerd Lüdemanns theologischen Forschungen, daß die Schriften des Neuen Testaments zum großen Teil Märchen sind, die meisten von ihnen Fälschungen, viele der Paulus-Briefe nicht von ihm verfaßt. Darum aber geht es mir nicht. Es geht mir, wie in meinem vorausgegangenen Buch „Gott beim Wort genommen. Das Alte Testament auf dem ethischen Prüfstand" um das, was die Kirche ihren Gläubigen zu glauben befiehlt, was sie als unverbrüchliche Wahrheit, vom Heiligen Geist diktiert, in der Bibel festgehalten hat und als unumstößlich, als unabdingbare Glaubenswahrheit bezeichnet und mit Dogmenverkündigungen, Höllendrohungen und Himmelsverheißungen, von machtpolitischen Zwängen einmal ganz abgesehen, in einem großen Teil der Menschheit durchgesetzt hat. Daran hält sie fest trotz aller Widersprüchlichkeiten, trotz aller den frühchristlichen Betrug entlarvenden Forschungsergebnisse.

Nehmen wir also das Geschriebene, angeblich von Jesus, Paulus und Petrus Verkündete beim Wort. Es wird am Ende des 20. Jahrhunderts erlaubt sein, sich seine eigenen Gedanken zu machen und diese zu veröffentlichen, wenn man so will, zu predigen, zu verkünden. Ich denke doch: „Dat darf dat!"

I. Worte Jesu

Wer aber nicht glaubt, wird verdammt werden

Mark. 16, 16

Ist es der Glaube nur, dem du verheißt,

Dann bin ich tot.

O, Glaube, wie lebend'gen Blutes Kreisen,

Er tut mir not!

Ich hab ihn nicht.

Ach, nimmst du statt des Glaubens nicht die Liebe

Und des Verlangens tränenschweren Zoll,

So weiß ich nicht, wie mir noch Hoffnung bliebe:

Gebrochen ist der Stab, das Maß ist voll

Mir zum Gericht.

Das ist ein erschütterndes Zeugnis religiöser Not und Gewissensqual. Eine denkende, um ihren Glauben ringende und ihn dennoch nicht erreichende Frau hat es abgelegt: Annette von Droste-Hülshoff in ihrer Gedichtsammlung „Das geistliche Jahr". Was sie hier „Am Pfingstmontage" bekennt, übrigens anknüpfend an das Johanneswort „Wer aber nicht glaubt, der ist schon gerichtet" (Joh. 3, 18), hat über Jahrhunderte hin unzählige Christen bewegt, ohne daß sie es auszusprechen gewagt hätten. Sie wagten es meist kaum zu denken; denn allein dieser Gedanke, der den Zweifel nährt, ist schon mit ewigen Höllenstrafen bedroht.

Nicht Markus und Johannes allein haben solch finstere Drohworte überliefert; Paulus bestätigt sie im zweiten Brief an die Thessalonicher: „Dann wird er Vergeltung üben an denen, die Gott nicht kennen und die sich dem Evangelium unseres Herrn Jesus nicht unterwerfen. Die werden dann mit ewigem Verderben büßen." (2 Thess. 8-9)

Wie aber ist der Kontext der Drohungen bei Markus und Johannes? Die Worte werden Jesus in den Mund gelegt, aber er soll sie nach Markus nicht vor seinem Kreuzestod gesprochen haben, sondern nach der Auferstehung unmittelbar vor der Himmelfahrt. Es sind also Worte des posthumen Christus, und er spricht sie in Verbindung mit dem Missionsbefehl: „Geht hin in alle Welt und predigt das Evangelium allen Geschöpfen. Wer glaubt und sich taufen läßt, wird gerettet werden; wer aber nicht glaubt, wird verdammt werden." Dann folgt eine Diesseitsverheißung für die Gläubigen, daß nämlich folgende Wunder sie begleiten sollen: „In meinem Namen werden sie Teufel austreiben, in neuen Sprachen reden, Schlangen aufheben, und wenn sie ein tödliches Gift trinken, wird es ihnen nicht schaden. Kranken werden sie die Hände auflegen, und sie werden gesund werden." (Mark. 16, 17-18)

Nach diesen Worten wurde der Herr Jesus in den Himmel aufgenommen und setzte sich zur Rechten Gottes. (Mark. 16, 19)

Nebenbei bemerkt: wir wissen heute, was von Teufelsaustreibungen zu halten ist. Dazu gibt es erschütternde Vorkommnisse aus unserer Zeit, die hier nicht referiert werden müssen. - Schlangen aufzuheben dürfte selbst den frommsten Theologen nicht unbedingt zu empfehlen sein. Aber die Umweltverschmutzung, insbesondere die Vergiftung des Trinkwassers mit Herbiziden und Pestiziden, die - neben vielen anderen Verseuchungen von Nahrungsmitteln - zum akuten Problem in unseren Tagen geworden ist, kann gläubigen Christen nicht schaden und wäre demnach vom himmelwärts strebenden Herrn abgesegnet. - Die Pharmaindustrie des christlichen Abendlandes und die in Kammern organisierte Ärzteschaft dürften allerdings mit dem heilenden Händeauflegen aus Konkurrenzgründen kaum einverstanden sein; so etwas würde heute sogar strafrechtlich verfolgt. - Man gestatte dem Ungläubigen über diese letzten Worte Jesu auf Erden ein ungläubiges Lächeln.

Nach Johannes soll Jesus das Drohwort schon zu Beginn seines öffentlichen Wirkens ausgesprochen haben, und zwar gegenüber dem jüdischen Ratsherrn und Pharisäer Nikodemus, der den Meister heimlich bei Nacht aufsuchte und befragte. Jesus erteilt ihm ausführliche Belehrungen über die Taufe, die Wiedergeburt, den Himmel und den eingeborenen Sohn Gottes, wobei sich ein seltsamer Widerspruch ergibt, wenn schließlich mitgeteilt wird: „Denn Gott hat seinen Sohn nicht dazu in die Welt gesandt, daß er die Welt richte, sondern damit die Welt durch ihn gerettet werde. Wer an ihn glaubt, wird nicht gerichtet; wer nicht glaubt, der ist schon gerichtet, weil er nicht glaubt an den Namen des eingeborenen Sohnes Gottes." (Joh. 3, 17-18) Die Welt soll durch den Gottgesandten gerettet, aber nicht gerichtet werden, wer jedoch nicht glaubt, nämlich an den Namen des eingeborenen Sohnes Gottes, ist schon gerichtet. Durch wen aber, wenn nicht durch Christus oder - was wenig Unterschied macht - wegen Christus? Die Rede ist dunkel und widersprüchlich. Sie wird auch nicht klarer durch die folgende Erklärung: „Das Gericht besteht aber darin: Das Licht ist in die Finsternis gekommen, doch die Menschen hatten die Finsternis lieber als das Licht; denn ihre Werke waren böse. Denn jeder, der Böses tut, haßt das Licht und kommt nicht zum Lichte, damit seine Werke nicht zutage kommen. Wer aber den Weg der Wahrheit geht, kommt zum Lichte, damit offenbar wird, daß seine Werke in Gott getan sind." (Joh. 3, 19-21) Das Gefährliche an dieser etwas unklaren Rede erscheint mir darin zu bestehen, daß hier Glaube an Christus gleichgesetzt wird mit der moralischen Qualität „gut", Unglaube aber mit dem Bösen und Finsteren. Der eingeborene Sohn oder vielmehr der Glaube an ihn wird hier zum moralischen Maßstab für alles übrige erhoben. Der Glaube, und nur der Glaube, erscheint dabei als Rechtfertigung des Menschen vor Gott. Ist das nicht die Geburtsstunde eines neuen Pharisäismus? Hier werden zwar keine Höllenstrafen angedroht, keine ewigen Verdammnisse, aber „wer nicht glaubt" wird diffamiert, diskreditiert, inkriminiert. Der Gläubige darf fortan auf den Ungläubigen, den Andersgläubigen, herabblicken als auf einen Vertreter des Bösen, einen Bewohner der Finsternis. Wer wird sich da in einer herrschenden christlichen Gesellschaft noch ungläubig nennen wollen? Wer nicht glaubt, ist schon gerichtet, er trägt einen Makel, er ist von vornherein gebrandmarkt, abgeschrieben. Die Auswirkungen dieser Auffassung sind in gesellschaftlichen Verfemungen bis hin zu Glaubenskriegen durch die Jahrhunderte hindurch bis in unsere Tage hinein abzulesen.

Anderseits provoziert Joh. 3, 21 einen christlichen Neopharisäismus, der die in Gott getanen Werke hervorheben und die auf den „Weg der Wahrheit" erlangte Frömmigkeit öffentlich zur Schau tragen läßt.

Was aber ist von der Verdammung, die bei Markus überliefert wird, zu halten? Darüber gibt zunächst Matthäus Auskunft. Er läßt Jesus das Gleichnis vom Unkraut auf dem Acker vortragen, das sich auf das Himmelreich bezieht. Die Frucht und das vom bösen Feind gesäte Unkraut sollen miteinander wachsen bis zur Ernte, damit nicht mit dem Unkraut auch Weizen vor der Reife ausgerissen werde. Dann aber wird das Unkraut gebündelt ins Feuer geworfen. (Matth. 13, 24-30) Die Jünger forderten wenig später eine Erklärung des Gleichnisses und erfuhren: „Der gute Same sind die Kinder des Reiches; das Unkraut sind die Kinder des Bösen. Der Feind, der es gesät hat, ist der Teufel. Die Ernte ist das Ende der Welt. Die Schnitter sind die Engel. Wie man nun das Unkraut sammelt und im Feuer verbrennt, so wird es auch am Ende der Welt gehen. Der Menschensohn wird seine Engel aussenden, und sie werden alle Verführer und Übeltäter aus seinem Reiche zusammenbringen und in den Feuerofen werfen. Dort wird Heulen und Zähneknirschen sein." (Matth. 13, 38-43)

Sind die hier genannten „Kinder des Bösen" identisch mit denen, die Böses tun (Joh. 3, 20) alias „wer nicht glaubt" (Joh. 3, 18)? Die Theologen jedenfalls haben es in der Regel so ausgelegt.

Abgesehen von der Inkriminierung Nichtgläubiger bilden diese Schriftstellen die Grundlage für das Geschäft mit der Angst, das die Kirche seit Jahrhunderten betreibt. Die Schlüsselfigur dieses einträglichen Geschäfts mit der Angst war der Mönch Tetzel, gegen den sich Luther empörte. Und wenn die Kirche ihre Gläubigen sich heute auch nicht mehr mit klingender Münze im Ablaß-Bettelkasten ihrer Sünden freikaufen läßt, so zahlt doch jeder Gläubige gern seine Kirchensteuer und sein Scherflein zum Klingelbeutel, um sich damit vor ewiger Verdammnis im höllischen Feuer, vor Heulen und Zähneknirschen, zu schützen. Nach aller Erfahrung ist bei den Gläubigen die Angst vor der Hölle größer als die Freude auf den Himmel; denn wer möchte schon in Ewigkeit braten; allerdings auch ewiges Allelujasingen erscheint nicht sonderlich reizvoll. Viel mehr wird den im Glauben Verstorbenen in aller Regel nicht versprochen, sieht man einmal von den abstrakten Begriffen „Seligkeit", „Herrlichkeit", „Anschauung Gottes" und „himmlische Freuden" ab.

Wie aber ist ein Wohlverhalten zu beurteilen, das lediglich im Hinblick auf ewige Belohnung bei gleichzeitiger Angst vor ewiger Bestrafung eingehalten wird? Wie ein Gebet, das nur gebetet wird um eigener Vorteile willen? Wie ein Glaube, der geglaubt wird bei Vermeidung der Wahrmachung finsterster Drohungen? Wie eine Moral, die um des versprochenen Lohnes willen eingehalten wird?

Will man Moral definieren als einen Gehorsam gegenüber absolute Normen forderndem Katalog von Kodifizierungen, Ethik aber als die aus dem Wissen, der Einsicht und der Verantwortung des einzelnen hervorgehende Autonomie im Denken und Handeln, so schließt das eine das andere aus. Wer moralisch handelt, handelt unter dem Befehl von Normen, wer ethisch handelt, steht vor eigenen Entscheidungen, die er immer neu, dabei frei und wahrhaftig zu treffen hat. Das Leben unter dem Gesetz der Moral ist bequemer, aber drückend, das Leben unter dem Gesetz der Ethik gefahrvoller, aber befreiend.

Drohungen mit Gericht und Verdammung nach den Kriterien des Glaubens fordern moralische Einordnung und Unterordnung, sie schließen die freie ethische Entscheidung auf Grund eigener Kenntnis, Erkenntnis und Einsicht aus.

Welche der beiden Verhaltensweisen dem Menschen, der menschlichen Gesellschaft, der menschlichen Geschichte schädlich und welche ihr nützlich ist, sei der jeweils moralischen oder ethischen Beurteilung des Lesers überlassen.

Glaube unter Drohung ist Glaube aus Angst. Glaube aus Angst macht manipulierbar, und Angst ist immer Ursache von Aggression. Im Missionsbefehl liegt die Wurzel der Aggressivität des Christentums, übrigens nicht nur des Christentums, sondern jeder missionarischen Religion. Diese Aggressivität wiederum war und bleibt die Ursache blutiger Auseinandersetzungen und Kriege. In der Unterscheidung nach dem Glauben wird schließlich der Krieg, eigentlich ein Übel, ein Böses, zum „Heiligen Krieg", geadelt einzig durch den Glauben, der wiederum auf Nichtwissen gründet. Die Kreuzzüge sind erschütterndes Beispiel dafür. Aber selbst das läßt sich mit einer Schriftstelle ins Gleichgewicht bringen, wenn man denn überhaupt - innerhalb christlichen Auffassungswandels - nachträglich ein Unrecht unterstellen will: „Vater, vergib ihnen; denn sie wissen nicht, was sie tun." (Luk. 23, 34)

Religiöser Fanatismus weiß nie, was er tut. - Amen.

Selig sind die Armen im Geiste

Matth. 5, 3

Auf den ersten Blick wird man diese Verheißung Jesu heute für einen Anachronismus halten müssen. Im Zeitalter technischen Fortschritts, naturwissenschaftlicher Welteroberung und Weltbeherrschung, im Zeitalter hoher Leistungs- und Bildungsanforderungen wird wohl niemand seine Seligkeit in geistiger Beschränkung suchen wollen.

Aber ist das schillernde Wort Jesu damit erfaßt und gleichzeitig abzutun? Hat er es überhaupt so gesagt und so gemeint?

Nehmen wir zunächst die Situation. Matthäus berichtet, Jesus sei in ganz Galiläa umhergezogen, habe in den Synagogen gelehrt, die frohe Botschaft vom Reiche verkündet, jegliche Krankheit und jegliches Gebrechen geheilt, so daß sich sein Ruf über ganz Syrien verbreitet habe. Man brachte ihm daher nicht nur Kranke, sondern auch Besessene, Mondsüchtige und Gelähmte, und große Volksscharen zogen hinter ihm her, da er alle Geplagten zu heilen schien. (Matth. 4, 23-25) Ein Heer von unglücklichen Menschen also, von körperlich und wohl auch geistig benachteiligten Menschen, heftete sich an seine Sohlen und erhoffte sich Befreiung aus quälender äußerer und innerer Verfassung. In dieser Situation, umringt von vielen unglücklichen, leidenden Menschen, stieg Jesus auf einen Berg, setzte sich dort nieder und begann dann, nachdem seine Jünger zu ihm getreten waren, zu sprechen. (Matth. 5, 1-2) Er wandte sich also an Kranke, Behinderte, seelisch belastete und wohl auch zum Teil geistig minderbemittelte Menschen. Was er ihnen verkündete, hat man später die acht Seligkeiten oder Seligpreisungen genannt. Die erste von ihnen umfaßt so ziemlich Verfassung und Zustand der meisten damals Angeredeten: „Selig sind die Armen im Geiste." Warum sind sie es? Jesus behauptet: „Ihrer ist das Himmelreich." Ein beachtlicher, ein zumindest sehr menschenfreundlicher Trost übrigens für all diese Unglücklichen, zugleich eine vorzügliche Psychotherapie! Ehe auf diesen Anfang der Rede näher eingegangen werden soll, sei ihre Fortsetzung ins Auge gefaßt. „Selig sind die Trauernden. Sie werden getröstet werden." (Matth. 5, 4) War er nicht ein hervorragender Seelen-Therapeut zu seiner Zeit, der menschenfreundliche Jesus? Wie werden die Augen der vom Schicksal Gequälten geleuchtet haben, als sie diese

Trostworte hörten, die ihnen wieder Mut gaben! - „Selig sind die Sanft-
mütigen! Sie werden das Land besitzen." (Matth. 5, 5) Mit diesem kurzen Wort beschwichtigt Jesus die Verbitterung in den vergrämten Herzen; er besänftigt sie und verspricht ihnen ein fernes, phantastisches
Land. - „Selig, die Hunger und Durst haben nach der Gerechtigkeit. Sie
werden gesättigt werden." (Matth. 5, 6) Nach was dürsten diese armen
Menschen wohl mehr, als daß ihnen Gerechtigkeit widerfahre; hier ist
einer, der ihren Hunger und Durst danach sättigen will. - „Selig sind die
Barmherzigen! Sie werden Barmherzigkeit erlangen." (Matth. 5, 7)
Damit erstickt Jesus in den Unglücklichen Neid und Mißgunst, verweist
sie darauf, daß sie einander Bruder, Freund, Nächster sein sollen, um
selber auch Barmherzigkeit zu erlangen. - „Selig, die reinen Herzens
sind! Sie werden Gott anschauen." (Matth. 5, 8) Ein ungeheuer ge-
schickter Psychologe, dieser Jesus, wie sich an der Steigerung seiner
Glücksverheißungen ablesen läßt. Er bewegt die Menschen bis ins Herz
hinein, erobert sie gleichsam von innen her. - „Selig sind die Friedens-
stifter! Sie werden Kinder Gottes genannt werden." (Matth. 5, 9) Längst
ist nicht mehr die Rede von äußerem Elend, von Leiden, Gebrechen,
Krankheiten. Die Menschen werden innerlich aufgerichtet, ethisch
(nicht moralisch!) gestärkt und gefestigt, und das mit nur wenigen
Worten. - „Selig, die Verfolgung leiden um der Gerechtigkeit willen!
Ihrer ist das Himmelreich!" (Matth. 5, 10) Hier schließt sich der Kreis,
indem wiederum das Himmelreich verheißen wird wie zu Beginn, das
höchste vorstellbare Glück also, in dem es weder Leid noch Schmerz,
weder Trauer noch Entbehrung gibt.

Die Fortsetzung der Rede, die Matthäus überliefert, scheint eher an die
anwesenden Jünger gerichtet als an die Scharen der Unglücklichen:
„Selig seid ihr, wenn euch die Menschen um meinetwillen schmähen
und verfolgen und euch lügnerisch alles Böse nachreden. Freuet euch
und frohlockt; denn groß ist euer Lohn im Himmel." (Matth. 5, 11-12)
Nebenbei bemerkt: Die heutigen Nachfolger der Jünger - oder diejenigen, die sich dafür halten und ausgeben - pflegen diese Seligpreisung
ihres Meisters nicht mehr ernst zu nehmen. Sie halten es für opportun,
sich bei bietender Gelegenheit mit Hilfe des § 166 StGB, dem Nachfolger des früheren Gotteslästerungsparagraphen, mittels staatlicher Gewalt
zur Wehr zu setzen und ziehen dem ihnen von Jesus verheißenen Him-
melslohn eine Freiheitsstrafe bis zu drei Jahren oder Geldstrafe für den

Beschimpfenden vor. So weit ist man heute in der Rechtspraxis der Christen von Christus entfernt!

Aber zurück zum Ausgangswort der Seligpreisungen: „Selig sind die Armen im Geiste." Ein solcher Ausspruch steht und fällt oder schillert je nach Übersetzung oder Formulierung. Die von der Katholischen Kirche authentisierte sogenannte Vulgata (Biblia Sacra Vulgatae Editionis von 1592/93 in der von Pius IX autorisierten Ausgabe von 1862) formuliert: „Beati pauperes spiritu"; bei Luther liest man: „Selig sind, die da geistlich arm sind." Hier klaffen scheinbar recht beachtliche Auffassungsunterschiede. Der lateinische Begriff „beatus" meint zunächst einmal den „glücklichen", den „beglückten", endlich auch den „glückseligen" Zustand, und eine Trennung von diesseitigem und jenseitigem Glück für die an Esprit Armen wäre daraus demnach nicht unbedingt abzulesen. Zu Luthers Formulierung „geistlich arm" (noch in einer Bibelausgabe von 1892 nachzulesen) wird man sich heute nicht mehr verstehen können, wo man nicht mehr weiß, daß zu seiner Zeit der Begriff „geistlich" im Sinne von „geistig" als Gegensatz zu „leiblich, fleischlich, natürlich", ja auch zu „buchstäblich, äußerlich" gebraucht wurde.

Jesu Wort „Selig sind die Armen im Geiste" ist demnach sowohl aus der überlieferten Situation heraus als auch der Formulierung und dem Sinne nach wörtlich zu nehmen. Nur, was wird aus dem menschenfreundlichen, dem helfenden Trostwort, wenn man es, wie die Kirche mit Theologie und Kanzelverkündigung es tut, aus der konkreten Situation heraushebt und für allgemeinverbindlich erklärt? Indem man alle Menschen, die arm im Geiste sind, glücklich preist, ja mehr noch, indem man Armut im Geiste zum Postulat des Christenmenschen erhebt und zur Voraussetzung für den Anspruch auf das Himmelreich macht, begünstigt man Volksverdummung, hindert das Denken und Nachdenken, erst recht das sich daran anknüpfende Urteilen und Beurteilen. „Selig sind die Armen im Geiste" führt dann schließlich zum Index, zum Verzeichnis der von der Kirche verbotenen Bücher, zum Denkverbot. „Arm im Geiste" bedeutet im übrigen das Gegenteil von „geistreich", „espritvoll"; „arm im Geiste" bedeutet Geistesarmut, Ungeistigkeit, Geistlosigkeit, geistige Minderqualität. Und eben diese kann sehr wohl in einer Institution zum Postulat erhoben werden, die auf den blinden Gehorsam ihrer Mitglieder angewiesen ist, der selbständiges Mitdenken, erst recht kritisches Gegendenken lästig, ja gefährlich erscheinen muß. Wer generell die Armut im Geiste als Tugend preist, will Denken verhindern, will die Leute dumm halten.

Abgesehen von dieser Pervertierung des Trostwortes Jesu in einen Herrschaftsanspruch der geistlichen Institution Kirche hat das Wort von der Armut im Geiste noch einen psychologischen Aspekt, der zum Schluß angesprochen sei. Man könnte diesen Ausspruch Jesu frei von allen religiösen Gesichtspunkten noch anders übersetzen, nämlich so: „Wer wenig denkt, ist glücklicher." Damit hätten wir einen allgemeinmenschlichen Doppelaspekt ins Auge gefaßt.

Die eine Seite dieser Medaille ist die: Menschen auf hohem geistigen Niveau, die durch diffiziles, nuanciertes, distinguierendes Denken sich und die Welt zu erfassen und zu verstehen suchen, die sogenannten „komplizierten" Menschen also, wenn man es einmal aus der Sicht des einfachen und unkomplizierten Menschen formulieren will, haben es im Leben schwerer als diejenigen, die sich um Gott und Welt wenig Gedanken machen. Wer ohne besondere geistige Ansprüche simpel sein Leben vor sich hin lebt, nur äußere Dinge kennt, mit denen er seine Bedürfnisse zu befriedigen sucht, hat es leichter, und er ist wohl nicht nur scheinbar glücklicher, sondern in seiner geistigen Anspruchslosigkeit zufriedener, ausgeglichener, weniger irritierbar als etwa der Philosoph, der denkend an der Welt leidet. Wer weniger denkt, ist ohne Zweifel glücklicher, und in diesem Sinne gilt sicher Jesu Wort auch: glücklich sind die geistig Ärmeren.

Die Kehrseite dieser Medaille, nämlich die gesellschaftsbezogene Seite, sieht so aus: wird der Denkfaule, der Arme im Geiste, multipliziert, tritt er als Bevölkerung, als Masse auf, so wird er zum manipulierbaren Instrument von politischer, wirtschaftlicher oder religiöser Herrschaft. Dieser von allen Machthabern zu allen Zeiten der Geschichte an allen Orten dieser Welt gewollte und begünstigte Zustand hat wenig mehr zu tun mit dem, was wir offiziell als Ideal unserer Staatsform ansehen, nach dem sich Freiheit und Demokratie (Herrschaft des Volkes) entfalten sollen. Herrschen kann nur, wer zu denken vermag; der Arme im Geiste wird beherrscht, ja muß beherrscht werden. Hier liegt ein Grund dafür, warum eine vermeintlich fortschrittliche, freiheitliche, moderne Gesellschaft alles mit sich machen läßt, was von oben angeordnet wird. Das beginnt bei der Mode, beim suggerierten Bedarf bestimmter Konsumgüter, das endet beim Hasardspiel der alles Leben bedrohenden Atomindustrie, das begreift ein die Hinnahme der Verschmutzung und Vergiftung unserer Umwelt. Kein Nahrungsmittel ist mehr als nicht suspekt anzusehen, Luft und Wasser sind teilverpestet und teilvergiftet, Medizin und Pharmaindustrie basieren auf den abscheulichsten Tierversuchen, die ein Meer von Qual über die hilflose Kreatur hereinbrechen lassen. Und schon jetzt sind der Gentechnologie Tür und Tor geöffnet. Die Armen im Geiste nehmen es als Masse kritik- und widerspruchslos hin.

So betrachtet, gilt Jesu Wort heute längst nicht mehr. Die weitere Entwicklung der Technologien, die den Erdball schließlich unbewohnbar machen und das Leben auf ihm auslöschen wird, verheißt auch den Geistesarmen kein Himmelreich mehr. Schon eher besteht die Wahrscheinlichkeit, daß sie sich eines Tages entgeistert einem Höllenschlund gegenüber sehen könnten.

Gefährlich leben die Armen im Geiste; denn sie werden unvermerkt in ihr Unglück hineinmanipuliert. - Amen.

Liebet eure Feinde

Matth. 5, 44

Diese Aufforderung Jesu, nimmt man sie in der uns von Kindesbeinen an geläufigen deutschen Formulierung, wie Luther sie gewählt hat und wie sie in allen deutschen Bibelfassungen überliefert wurde, erscheint nichts weniger als absurd: die Forderung eines Utopisten. Daß Jesus von Nazareth, einer der liebenswürdigsten Propheten der Weltgeschichte, in der Tat ein Utopist war, beweist nicht nur sein eigenes Leben und Sterben, es wird auch erwiesen durch das praktische Leben derer, die sich zwar durch Taufe und Taufgelübde verpflichtet haben, nach seiner Devise zu leben und zu handeln, die damit aber insgesamt überfordert wären, wollten sie dieser Verpflichtung im alltäglichen Leben nachkommen. Würde etwa in unserer Gesellschaft jemand Jesu Postulate praktizieren, er müßte vermutlich irgendwann in eine Nervenheilanstalt eingewiesen werden; nicht weil er etwa objektiv verrückt wäre, sondern weil man ihn nach unserem Verständnis von gesellschaftlichen Umgangsformen für verrückt erklären würde.

Man hat versucht, das harte Gebot Jesu ein wenig abblassen zu lassen, indem man es in den abstrakten Begriff „Feindesliebe" ummünzte; das klingt unverbindlicher und distanzierter, das verpflichtet nicht so hautnah. Dennoch, auch die Feindesliebe ist und bleibt ein utopisches Unding; wer wollte sie wohl praktizieren und wie? Am wenigsten praktiziert sie die Kirche selbst, die ihre Feinde zu allen Zeiten bis auf das Blut verfolgt oder mit rücksichtsloser Gewalt gefügig gemacht hat. Und selbst die Nonkonformisten in den eigenen Reihen werden nicht etwa in den Mantel der Liebe oder der Nachsicht eingehüllt, sondern unnachsichtig zur Ordnung gerufen und wenig liebevoll behandelt.

Feindesliebe ist allenfalls vorstellbar als erotisch bedingte Haßliebe, als Feindschaft aus enttäuschter Liebe; aber von diesem polaren Gefühlskomplex ist hier nicht die Rede. Liebe zum wirklichen Feind wird wohl niemand, er sei denn ein perfektionierter Masochist, aufzubringen vermögen, auch nicht beim besten Willen. Darum wird es gar nicht erst versucht. Jedermann ist von der Aussichtslosigkeit eines solch ebenso - zugegeben - ehrenwerten wie sonderbaren Bemühens überzeugt und gibt sich mit der Liebe zum Feind gar nicht erst ab.

Überforderungen, deren Erfüllung von vornherein nicht angenommen werden kann, sind denkbar schlechte psychologische und pädagogische Maßnahmen. Wer Unmögliches verlangt, scheitert selbst oder bringt den andern zum Scheitern.

Sollte man Jesus von Nazareth einen solchen Unfug unterstellen? Wenn nicht, dann wäre zu fragen: was kann er denn wirklich gesagt und gemeint haben? Der Kontext müßte Aufschluß geben.

Es handelt sich bei Matthäus um eine Passage der sogenannten Bergpredigt, mit der Jesus die alte überlieferte jüdische Moral aufhebt und an ihre Stelle eine neue Ethik setzt. In diesem Fall kommt er auf das alttestamentliche Gebot der Nächstenliebe zu sprechen und auf die - angeblich - von den Pharisäern vertretene Auffassung, daß man seinen Feind hassen solle nach dem bekannten Motto „Aug um Auge, Zahn um Zahn" (Lev. 24, 20) Es ist eigentlich ein Gebot der Rache, aber es schließt notwendig den Haß mit ein. Unter Bezugnahme auf diese bisherige Auffassung verkündet nun Jesus: „Ich aber sage euch: Liebet eure Feinde und betet für die, die euch verfolgen, damit ihr Söhne eures Vaters im Himmel werdet; denn er läßt seine Sonne aufgehen über Böse und Gute und läßt regnen über Gerechte und Ungerechte. Wenn ihr nämlich nur die liebt, die euch lieben, welchen Lohn habt ihr dafür? Machen nicht auch die Zöllner dasselbe? Und wenn ihr nun eure Brüder grüßt, was tut ihr da Besonderes? Tun das nicht auch die Heiden? Seid ihr also vollkommen, wie euer himmlischer Vater vollkommen ist." (Matth. 5, 44-48)

Einen Schlüssel zum Verständnis dessen, was Jesus eigentlich gemeint haben kann, bietet die Vulgata, die Jesu Aufforderung also übersetzt: „Diligite inimicos vestros." „Diligere" aber meint nicht „lieben", es ist der Gegensatz von „neclegere"; das eine bedeutet „achten", „hochachten", „schätzen", allenfalls auch „lieb und wert halten" und bestenfalls „aus Achtung lieben", das andere meint „nicht achten", „nicht beachten", „vernachlässigen", „außer acht lassen", „sich nicht darum kümmern". Mit Haß hat weder das eine noch das andere zu tun.

Die Vulgata scheint damit die zutreffendere, weil plausiblere Formulierung zu wählen: man soll auch den Feind - trotz Feindschaft zu ihm - achten. Damit wird auf den ersten Blick nichts anderes gemeint sein können als die Achtung der Menschenwürde, eine höchst moderne Forderung übrigens, wie sie etwa in Artikel 1 unseres Grundgesetzes und in vielen anderen Verfassungen der Neuzeit formuliert ist, die die Menschenrechte zur Grundlage ihres Rechtssystems machen. So verstanden ist Jesu Wort keine utopische Forderung, kein von vornherein aussichtsloser Appell, sondern für alle Zeiten aktuelle ethische Maxime.

Aber nicht nur die abstrakte Menschenwürde kann Jesus damit gemeint haben. Wenn ich den Feind achte, dann achte ich ihn auch in seiner besonderen Art und Situation. Das bedeutet vordergründig, daß ich mich ihm gegenüber fair verhalte. Fairness als innere Haltung schließt aber noch mehr ein, nämlich ein Verstehen der besonderen Gegebenheit seiner Feindschaft zu mir.

Als Beispiel seien die generellen Feinde einer jeden Gesellschaft, die Kriminellen, herausgegriffen, etwa die Diebe, Betrüger, Räuber, Mörder. Sie greifen uns an in unserem Besitzstand, sie schädigen uns, sie sind unsere Feinde. Dafür sperren wir sie ein. Das ist im wesentlichen alles. Eine Achtung und Hochschätzung ihrer besonderen (aus welchen Gründen auch immer) geschädigten Persönlichkeit erfahren sie nicht. Sie werden möglichst unschädlich gemacht und mit der Rache des Strafvollzugs bestraft. Zwar kommt man im Zeitalter psychologischer Forschung nicht ganz umhin, ihre Persönlichkeit vor Gericht „zu erforschen", aber das kann bestenfalls strafmildernd wirken; eine Hilfe für den meist an der Gesellschaft Gestrauchelten und Gestrandeten bedeutet das keinesfalls.

Der Problemkomplex der Kriminalität kann hier auch nicht annähernd zureichend erörtert werden. Wer sich dafür interessiert, sei auf das (leider vergriffene) Buch von Heinz Kraschutzki „Die Untaten der Gerechtigkeit" verwiesen oder auf andere Literatur über dieses traurige Thema.

Fast jeder Mensch stößt in seinem Leben auf diesen oder jenen persönlichen Feind. Würde er nicht mit der utopischen Aufforderung, ihn zu lieben, von den Theologen überfordert, sondern darauf hingewiesen, daß er ihn als Gegner und Menschen zu achten und verstehen suchen solle, und würde diese Hochachtung gegenseitig aufgebracht, so wären viele Feindschaften und Streitereien ohne all zu große Schwierigkeiten zu schlichten. Fügt man diesem Verständnis das von Jesus geforderte Gebot oder die Bitte um Segnung des Feindes hinzu, so ist ein weiterer Schritt des Entgegenkommens getan.

Sonne und Regen werden Gerechten und Sündern gleichermaßen zuteil, sagt Jesus. Wir alle sind in Teilbereichen unseres Lebens Gerechte, in anderen Teilbereichen Sünder. Niemand wird sich davon ausnehmen können und wollen. In diesem Hinweis Jesu liegt zugleich die Erwartung, daß man sich von sich selbst distanziere und in humaner Solidarität auf den Gegner zu bewege. Jesus ermöglicht mit seiner Aufforderung die Überbrückung feindlicher Gegensätze; er egalisiert die Menschen, aber nicht im Sinne herabwürdigender Gleichmacherei, sondern im Sinne menschenwürdiger Gleichberechtigung vor dem „Vater im Himmel", mag man ihn nun als Schöpferpersönlichkeit oder in atheistischer oder pantheistischer Auffassung als kosmisches Schöpfungsprinzip verstehen; für die Solidarität des Menschen mit seinem feindlichen Gegenüber hat das in diesem Verständnis keine Bedeutung.

Nicht nur Matthäus hat Jesu Aufforderung zur Hochachtung vor dem Feinde überliefert, sondern auch Lukas. Bei ihm allerdings erscheint diese Forderung in ihrer Fortsetzung noch utopischer; denn er läßt Jesus im gleichen Atemzuge fortfahren: „Schlägt dich jemand auf die eine Wange, so halte ihm auch die andere hin. Nimmt dir jemand den Mantel, so laß ihm auch den Rock. Wer dich bittet, dem gib. Wer dir das Deinige nimmt, von dem fordere es nicht zurück. Wie ihr von den Menschen behandelt sein wollt, so behandelt auch ihr sie." (Luk. 6, 27-31) Das ist in der Tat viel verlangt, man wird wohl Mühe haben, in der gesamten Geschichte des Christentums, abgesehen von einigen wunderlichen oder wunderbaren Heiligen, auch nur zehn Gerechte (Gen. 18, 23) zu finden, die sich nach dieser Maxime verhalten hätten. Sollte man aber damit Jesu Forderung einfach abtun?

Faßt man den Kern des Postulats Jesu ins Auge, so handelt es sich hier um das ethische Prinzip der Gewaltlosigkeit, des absoluten Pazifismus. Die Veranschaulichung ist gewiß kraß gewählt; die beiden Beispiele erscheinen in ihrer extrem hingebungsvoll-leidenden und erleidenden Haltung wiederum als utopische Überforderung. Dennoch enthalten sie eine zutreffende psychologische Beobachtung. Der des Übergriffs Schuldige, der Schläger und Räuber, wird durch nichts besser zur Räson gebracht und auf das Unrechtmäßige seines Tuns verwiesen und entwaffnet als durch die gewaltlose Zuwendung des Angegriffenen.

Hier seien zwei Zitate aus Heinz Kraschutzkis Buch „Die Untaten der Gerechtigkeit" angeführt. Im Kapitel „Wie sieht ein Mörder aus?" sagt er: „Man muß frei sein von Pharisäertum, frei davon, diese Menschen, die oft ein schweres Schicksal zu tragen haben, zu verachten. Von keinem kann man verlangen, daß er Vertrauen zu einem faßt, der auf ihn herabsieht. Vertrauen beruht auf Gegenseitigkeit, sonst ist es nicht echt." Und im „Vorschlag eines Erziehungsstrafrechts" sagt Kraschutzki: „Nicht alle, die eine Bluttat begangen haben, fühlen sich dazu getrieben. Aber gerade den wertvollen Menschen, die so empfinden, die unter ihrer Tat mehr leiden als unter der ihnen aufdiktierten Strafe, sollte geholfen werden, die Selbstachtung wiederzugewinnen, die sie verloren haben."

Wer einem Menschen auf die Wange schlägt, ihn seines Mantels beraubt, hat die Selbstachtung verloren, hat kein Vertrauen mehr, ist durch sein Schicksal gezeichnet, bedarf selbst der Hilfe. Indem der Geschlagene auch die andere Wange hinhält, indem er zum geraubten Mantel den Rock hinzuschenkt, entwaffnet er nicht nur den Täter, er bringt ihn zur Besinnung, er zeigt ihm das Unrechte seines Tuns, bereitet ihm den Weg zur Selbstachtung, zur Rückgewinnung von Vertrauen, gewinnt ihn als Freund und vermittelt ihm damit zur Wiedergewinnung der Selbstachtung auch die verlorengegangene Achtung und Respektierung des Mitmenschen. Nimmt man Jesu Wort, statt es allzu vordergründig wörtlich aufzufassen, vom geistigen, psychologischen Gehalt her, so wird man erkennen müssen, daß hier wiederum ein hohes Ethos vermittelt wird, das mit (minderwertigen) moralischen Traditionen bricht. Und von diesem geistigen, diesem ethischen Gehalt her ist Jesu Wort bis heute nicht verwirklicht worden, wie nicht nur die gesamte Kirchengeschichte beweist, sondern auch das von Christen verfaßte und von christlichen Juristen praktizierte Strafrecht.

Insofern ist Jesus von Nazareth Utopist geblieben; man verkündet seine Lehre scheinheilig von allen Kanzeln, die Gläubigen hören das Unglaubliche, aber das alles hat keinerlei Verbindlichkeit; und damit wird die Verkündigung von Jesu Ethik zur Heuchelei christlicher Moral. Schließlich gipfelt Jesu Anspruch in der höchst modernen, aber bis heute dennoch nicht in die Tat umgesetzten Forderung: „Wie ihr von den Menschen behandelt sein wollt, so behandelt auch ihr sie." (Luk. 6, 31) Das ist die Maxime des einfachen Rechtsgüterschutzes, eine ebenso simple wie geniale Satzung für jegliches menschliche Zusammenleben, die übrigens auch für alle Bereiche der Erziehung Gültigkeit hat. Jedem das Seinige, das ihm zukommende Recht zuzugestehen, wie man sein eigenes zugestanden und gewahrt wissen möchte, das wäre die Grundlage friedlichen, einvernehmlichen, harmonischen menschlichen Zusammenlebens. Das Christentum hat sie bis heute nicht begriffen.

Jesus hebt mit seiner Forderung der Achtung vor dem Feinde ein moralisches Gesetz durch ein ethisches Postulat auf. Wenn dieser Anspruch durch Fehlformulierung und Mißdeutung in eine utopische Überforderung umgemünzt und verfälscht wurde, so ist das nur ein tragikomisches Malheur von vielen in der Geschichte des Christentums.- Amen.

Du sollst deinen Nächsten lieben wie dich selbst

Matth. 22, 39

Das Gebot der Nächstenliebe ist uralt; es geht nicht erst auf Jesus zurück, sondern auf Moses. Während des Zuges durch die Wüste von Ägypten ins gelobte Land berief Jahwe den Moses und sprach zu ihm vom Offenbarungszelt aus. Das auf diese Weise zustandegekommene und verkündete Gesetz, das levitische Gesetz, betraf in erster Linie den Opfer- und Priesterdienst, enthielt aber auch Anweisungen an das israelitische Volk. Formuliert und festgehalten ist es insgesamt im Buch Leviticus des Alten Testaments.

Wie lautet dort der Kontext des Gebotes der Nächstenliebe? Er enthält eine umfangreiche Kodifizierung menschlichen Wohlverhaltens und stellt somit eine Art Bürgerliches Gesetzbuch dar, jedoch in religiöser Verankerung, dargestellt als Verkündigung Jahwes. So interessant es insgesamt ist, können wir in unserem Zusammenhang nur den engeren Kontext herausgreifen. Er lautet wie folgt:

„Verübe kein Unrecht vor Gericht. Begünstige nicht den Armen, und ergreife nicht Partei für den Vornehmen. Mit Gerechtigkeit richte deinen Nächsten. Streue keine Verleumdungen unter deinen Volksgenossen aus, und trachte deinem Nächsten nicht nach dem Leben. Ich bin Jahwe. Trage gegen deinen Bruder nicht Haß in deinem Herzen. Weise deinen Nächsten freimütig zurecht, damit du nicht seinetwegen Schuld auf dich ladest. Sei nicht rachgierig noch trage deinem Volksgenossen etwas nach, sondern liebe deinen Nächsten wie dich selbst." (Lev. 19, 15-18) Er war schon ein genialer Mann, dieser Moses, ein kluger und weiser Herrscher in einer äußerst schwierigen politischen Situation. Daß er eines Gottes bedurfte, um sich unter solchen Umständen gesicherte Autorität zu verschaffen, ist nur zu verständlich.

Die Nächstenliebe war also von altersher im jüdischen Gesetz gefordert. Daß Jesus auf dieses Gebot einging, verdanken wir einer besonderen Situation. Zu seiner Zeit bestand ein Widerstreit zwischen Sadduzäern und Pharisäern in Glaubensfragen; theologische Differenzen hatten sie entzweit. Die Sadduzäer, die ihre Anhänger unter den Priestern und Vornehmen hatten, waren in Theorie und Praxis eine konservative Religionspartei und lagen in Fehde mit den Pharisäern, die im Gegensatz zu ihnen die den Juden fremde Lehre von den Engeln und von der Auferstehung von den Toten vertraten, im übrigen die äußere Gesetzlichkeit über die innere Sittlichkeit, also die Moral über die Ethik stellten. Auf diese Weise erhielten sie das Image des heuchlerischen und selbstgerecht-hochmütigen Menschen.

Die Sadduzäer hatten Jesus die Fangfrage vorgelegt, welche von sieben Ehen, die ein Mann im Laufe seines Lebens wegen Versterbens seiner Frauen nacheinander geführt habe, nach der Auferstehung gültig sei. Jesus hatte geantwortet, daß bei der Auferstehung nicht mehr zur Ehe genommen werde, weil dann alle leben sollten wie die Engel Gottes im Himmel. (Matth. 22, 22-30; Mark 12, 18-25)

Mit Genugtuung hatten die Pharisäer die Abfuhr zur Kenntnis genommen, die Jesus den Sadduzäern an Hand der Schrift hatte zuteil werden lassen, wandten sich aber nun ihrerseits an ihn, um ihn gleichfalls auf die Probe zu stellen, und zwar mit der Frage: „Meister, welches ist das größte Gebot im Gesetz?" (Matth. 22, 36) alias „Welches ist das erste von allen Geboten?" (Mark. 12, 28) Jesus antwortet: „Du sollst den Herrn, deinen Gott, lieben mit deinem ganzen Herzen, deiner ganzen Seele und mit deinem ganzen Gemüte. Das ist das größte und erste Gebot." (Matth. 22, 37-38; Mark. 12, 30) Und Jesus fährt fort: „Das zweite ist diesem gleich: Du sollst deinen Nächsten lieben wie dich selbst, Ein wichtigeres Gebot als dieses gibt es nicht." (Matth. 22, 39; Mark. 12, 31)

Karlheinz Deschner hat mit Recht darauf hingewiesen, daß dieses Gebot eine utopische Überforderung sei, deren Befolgung kein Mensch leisten könne. Die absolute Gleichsetzung des anderen mit sich selbst sei unmöglich, sie müsse an der psychologischen Realität scheitern. Niemand könne seinen Nächsten „lieben wie sich selbst"; wer es dennoch von sich behaupte, der lüge. Jeder Mensch steht sich selbst in jedweder Lebenssituation am nächsten.

Freilich, es gibt Ausnahmen und Ausnahmesituationen. Aber auch in ihnen ist die völlige Gleichstellung der Selbstliebe und Nächstenliebe fast immer auszuschließen. Die Nächstenliebe - oder die Liebe - kann größer sein als die Selbstliebe. Goethe verherrlichte in einem Gedicht die selbstlose Nächstenliebe der siebzehnjährigen Johanna Sebus, der Tochter eines Bootsmanns in Brienen bei Kleve, die am 13. Januar 1809 bei einem Dammdurchbruch des Rheins zuerst ihre Mutter rettete und dann eine Frau Küppers mit ihren drei Kindern zu retten suchte und dabei ertrank. Ebenso gibt es zahllose Beispiele aufopfernder Mutterliebe oder Partnerliebe, die den „Nächsten" mehr liebt als sich selbst oder vielleicht auch „wie sich selbst", so daß jedes Risiko in Kauf genommen und alles auf eine Karte gesetzt wird: gemeinsames Überleben oder gemeinsamer Untergang.

Kann aber das gemeint sein mit dem Gebot der Gleichsetzung von Nächstenliebe und Selbstliebe? Haben Moses und Jesus solche emotional motivierten Liebesbeweise in Ausnahmesituationen gemeint? Wohl kaum. Wir werden auch hier zu fragen haben, ob der Begriff „Liebe" in der nach unserem Sprachgebrauch üblichen Bedeutung das Verständnis des jüdisch-christlichen Gebotes nicht versperrt. Ein Blick in die Vulgata mag wiederum Aufschluß geben. Dort heißt die Stelle Lev. 19, 18: „Diliges amicum tuum sicut teipsum", was man übersetzen sollte: „Respektiere deinen Freund wie dich selbst." Wenig anders bei Matth. 22, 39: „Diliges proximum tuum, sicut teipsum", und bei Luk. 12, 31: „Diliges proximum tuum tamquam teipsum"; übersetzt: „Respektiere und achte deinen Nächsten genau so wie dich selbst." Das wäre inhalts- und bedeutungsgleich mit Jesu Wort: „Wie ihr von den Menschen behandelt sein wollt, so behandelt auch ihr sie." (Luk. 6, 31) So verstanden wäre das von Moses und Jesus aufgestellte Postulat von der „Nächstenliebe" nichts anderes als die Aufforderung zur mitmenschlichen Solidarität, weniger eine Sache des Gefühls, über das ohnehin niemand gebieten kann, als vielmehr eine Sache des Verstandes und der Vernunft, eine gute Regel gesellschaftlichen Zusammenlebens.

Indem man die wenig plausible Vokabel von der Nächstenliebe auf diesen Sachverhalt reduziert, wird die Forderung nicht etwa moralisch entwertet, sondern ethisch bereichert.

Woran mangelt es in unserer modernen Leistungs- und Konsumgesellschaft, in der jeder - und sei es auf Kosten des andern - nach vorn und nach oben drängt, mehr, als an der Respektierung der Rechte und Belange des andern sowie am Respekt vor seiner Persönlichkeit und seiner besonderen Eigenart. In zurückliegender Zeit sprach man von „Ehrfurcht" vor der Würde des Mitmenschen. Dieses Wort ist heute kaum noch anwendbar, es ist abgegriffen und schmeckt uns nach Pathos; denn der Begriff „Ehre", den es enthält, wurde mißbraucht für unterschiedlichste, auch unrühmliche Sachverhalte; dadurch ist er auch ausgehöhlt und hohl geworden, ein anachronistischer Kotau.

Dagegen die Respektierung der eigenen Person und ihrer berechtigten Belange wird jeder selbstverständlich erwarten und verlangen dürfen; und eben das mag mit dem Gebot der sogenannten Nächstenliebe gemeint sein. Sich mit dem andern auf eine Stufe stellen, mit dem andern auf gleicher Ebene in Gleichberechtigung umgehen, das dürfte die Intention der Forderung Jesu eher treffen als eine auf die Gefühlsebene verschobene und damit dem Selbstgefühl widersprechende Verpflichtung zur „Liebe" dem Nächsten gegenüber.

Respektiere und achte deine Mitmenschen wie dich selbst, und behandle sie so, wie du von ihnen behandelt werden möchtest. - Amen.

Jeder, der seinem Bruder zürnt, soll dem Gerichte verfallen

Matth. 5, 22

Die urchristliche Bezeichnung für die Botschaft Jesu war „Evangelion", was so viel heißt wie „gute Botschaft". Später wurde das Evangelium, das die Schriften des Neuen Testaments umfaßt, allgemein „Frohe Botschaft" genannt.

Eine gute und frohe Botschaft hätten Jesu Worte, oder doch die meisten von ihnen, durchaus sein oder werden können, wenn sich die Gläubigen, die sich in urchristlicher Zeit als Heilige und später als Christen bezeichnet haben, daran gehalten hätten. Dann hätte wirklich das Angesicht der Erde weithin erneuert und zum Guten verändert werden können. Daß es nicht geschah, hängt wohl hauptsächlich damit zusammen, daß Jesu Botschaft weniger eine frohe als vielmehr eine utopische war.

Nehmen wir zum Beispiel die Textstelle der Bergpredigt, die sich auf das fünfte Gebot des Moses bezieht: „Du sollst nicht töten!" (Ex. 29, 13) Jesus hält dieses Gebot nicht für ausreichend, sondern macht seinen Jüngern und den anwesenden Volksscharen folgendes klar: „Ihr habt gehört, daß zu den Alten gesagt worden ist: Du sollst nicht töten! Wer tötet, soll dem Gerichte verfallen. Ich aber sage euch: Jeder, der seinem Bruder zürnt, soll dem Gerichte verfallen. Wer zu seinem Bruder sagt: Du Tor! soll dem Hohen Rate verfallen. Und wer zu ihm sagt: Du Gottloser! soll dem Feuer der Hölle verfallen." (Matth. 5, 21-22)

Das sind ungewöhnlich radikale Drohungen, die wahrlich schockieren könnten; denn wem könnten die von Jesus zitierten Verbalinjurien nicht in der Aufwallung des ersten Zornes, der Entrüstung und der Empörung entfahren! Niemand wird sich davon freisprechen können. Aber offensichtlich meint Jesus auch nicht die emotionale Entgleisung des Jähzorns, sondern er meint das Nähren und Hegen der zornigen und feindseligen Gesinnung. Das ergibt sich aus der Empfehlung - oder sagen wir besser - aus der Anweisung, die er gleich anschließend folgen läßt: „Wenn du also deine Opfergabe zum Altare bringst und dich dort erinnerst, daß dein Bruder etwas gegen dich hat, so laß deine Gabe dort vor dem Altare, geh zuvor hin und versöhne dich mit deinem Bruder; dann komm und opfere deine Gabe. Verständige dich ohne Verzug mit deinem Gegner, solange du noch mit ihm unterwegs bist." (Matth. 5, 23-25)

Dieses Wort Jesu aus der Bergpredigt wird seit fast zweitausend Jahren von den Kanzeln herab verkündet, und ebenso lange geht es den gläubigen Christen in das eine Ohr hinein und aus dem andern wieder hinaus. Würde es nur halbwegs ernst genommen, dann müßten entweder die Kirchen und Altäre menschenleer und priesterleer sein, oder unter den Christen gäbe es keine Feindschaft. Eins von beiden wäre nur möglich.

Ich selbst habe im Laufe meines Lebens Priester, die sich mit Verleumdungen, mit übler Nachrede, mit Haß und erpresserischen Machenschaften bis hin zum Versuch der Existenzvernichtung schwer gegen christliche Mitbrüder vergingen, auf dieses Wort Jesu hingewiesen und sie um Aussöhnung gebeten. Aber ich stieß jeweils auf taube Ohren und Starrsinn. Doch diese Geistlichen traten täglich an den Altar und „feierten" das Kreuzesopfer Christi im Altarsakrament. Ich habe in der eigenen Verwandtschaft erlebt, daß zwei geistliche Brüder einander so feindselig gegenüberstanden, daß sie jede Aussöhnung grundsätzlich ablehnten, und als der eine gestorben war, erschien der andere nicht einmal zu seinem Begräbnis, auch nicht, nachdem er von mir auf Jesu Worte aufmerksam gemacht worden war. Der Haß - oder die Feindseligkeit - blieb bestehen über das Grab hinaus.

Solche Beispiele, die nach aller Erfahrung nicht die Ausnahme, sondern eher die Regel sind, werfen die Frage auf, ob die Theologen und Seelsorger selbst das glauben und für sich als verbindlich ansehen, was sie den Gläubigen predigen und abverlangen. Sie sind offensichtlich die Verkünder edler Utopien, aber damit zugleich auch Heuchler und Lügner; eben das, was Jesus mit schonungslos harten Worten den Pharisäern vorgeworfen hat. (Matth. 23, 1-36)

Dabei ließe sich bei gutem Willen und überzeugender Gläubigkeit Jesu Forderung ohne all zu große Mühe, ja ohne Selbstverleugnung erfüllen; man brauchte sich nur dazu entschließen, das eigene Leben im Sinne dieses menschen- und gesellschaftsfreundlichen Propheten einzurichten, nicht zuletzt übrigens zum eigenen Vorteil. Nicht weil man damit der Strafandrohung des Gerichts entginge, sondern weil man sich schädliche Feinde vom Leibe schaffen und zu Freunden gewinnen könnte.

Aber nicht einmal diese vordergründig-praktische Seite hat das Christentum begriffen, sonst wären Kampf und Streit und Haß aus dem christlichen Abendland gewichen und hätten einer Gesellschaft des Wohlverhaltens und der rücksichtsvollen Interessenabgrenzung Platz gemacht.

Nun ist es freilich mit den menschlichen Streithähnen nicht immer so einfach, wie dieser Matthäustext glauben machen könnte. Aber auch das hat Jesus ins Auge gefaßt: „Wenn dein Bruder gegen dich gefehlt hat, so geh hin und stelle ihn unter vier Augen zur Rede. Gibt er dir Gehör, so hast du deinen Bruder gewonnen. Gibt er dir kein Gehör, so nimm noch einen oder zwei andere hinzu, damit durch die Aussage von zwei oder drei Zeugen alles festgestellt wird. Hört er auch auf diese nicht, so sag es der Kirche. Hört er aber selbst auf die Kirche nicht, so gelte er dir wie ein Heide oder Zöllner." (Matth. 18, 15-17)

Auch einen solchen Fall habe ich mit einem „Bruder", einem Ordensgeistlichen, nach Jesu Rezept durchexerziert. Die Kirche, die sich möglichst bedeckt hielt, erreichte nichts; der Mann tat, was er wollte, war auch in keinem Kloster mehr tragbar.

Sind das Ausnahmen? Petrus, dem Jesu Worte wohl noch nicht deutlich genug waren, stellte eine konkrete Frage; er wollte es genau wissen: „Herr, wenn mein Bruder gegen mich fehlt, wie oft muß ich ihm dann vergeben? Etwa siebenmal?" Jesus antwortete ihm: „Ich sage dir, nicht siebenmal, sondern siebzigmal siebenmal." (Matth. 18, 21-22) Also 490 mal, was soviel heißen dürfte wie: immer wieder in unendlicher Langmut. Das allerdings kann niemand mehr ernst nehmen, weil es ins Reich der Utopie gehört und der Lebensrealität widerspricht. Es widerspricht auch dem vorher empfohlenen Verfahren, das bei Aussichtslosigkeit darauf hinauslaufen soll, den Unbelehrbaren als Heiden und Zöllner zu betrachten, also doch wohl mit Verachtung zu strafen.

Solche Widersprüche erleichtern allerdings nicht das Befolgen der Anweisungen Jesu, zumal sie ihr Verständnis erschweren. Will man aber das Abqualifizieren des hartnäckig Unbelehrbaren als „Heide und Zöllner" im Sinne des Ausstoßens aus der Gemeinde auffassen und wollte man entsprechend verfahren, so müßte unter Christen - bis auf solche Ausnahmefälle - Friede und Einvernehmen herrschen. Abgesehen von den überall ablesbaren Realitäten praktizierten christlichen Zürnens macht die Forderung der Bischöfe und Geistlichen nach Verschärfung bestimmter Strafrechtsparagraphen (per Exempel der §§ 166 und 218 StGB) nur allzu deutlich, daß die offizielle Kirche Jesu Ankündigung von Gericht und Höllenstrafen für die zürnenden Brüder überhaupt nicht ernst nimmt. Vielmehr benutzt sie den Staat als Büttel, um ihrem Zorn gegen vermeintliche oder tatsächliche Verfehlungen durch strafende Verdikte Befriedigung zu verschaffen. Das hat mit Jesu froher Botschaft nicht das mindeste mehr zu tun. - Amen.

Wenn ihr aber den Menschen nicht vergebt

Matth. 6, 15

Gehört es zu den tragischen, den komischen oder zu den tragikomischen Beobachtungen, die man in christlichen Gottesdiensten machen kann, daß nämlich die Christen ihren Gott zu belügen pflegen? Und wer schon seinen Gott belügt, wie will der aufrichtig sein gegen seine Mitmenschen?

Das zentrale Gebet der Christenheit, das Jesus seine Jünger selber gelehrt haben soll, ist das „Vater unser". Matthäus und Lukas berichten davon, überliefern allerdings unterschiedliche Situationen und unterschiedliche Versionen des Textes. Der Matthäustext ist der ausführlichere und als Gebet zur Gewohnheit geworden. Zur Gewohnheit, und eben hier liegt die Wurzel der Lüge.

Folgen wir zunächst dem Bericht des Matthäus. Bei ihm gehört die Gebetsanweisung noch zur Bergpredigt; und Jesus schickt, bevor er den Text mitteilt, einige Anweisungen voraus: „Wenn ihr betet, so macht es nicht wie die Heuchler! Die beten am liebsten in den Synagogen und an den Sraßenecken, um den Menschen in die Augen zu fallen. Wahrlich, ich sage euch: Sie haben schon ihren Lohn." (Matth. 6, 5-6) Kommt uns das von Jesus kritisierte Verhalten nicht sehr christlich vor? Wie sehen Motivation und Verhalten der sonntäglichen Kirchgänger aus? Und was geschieht unter großer Beteiligung gläubiger Katholiken bei Prozessionen „an den Straßenecken"?

Aber weiter in der Rede Jesu: „Wenn du beten willst, so geh in dein Kämmerlein, schließ die Tür, und bete zu deinem Vater im Verborgenen. Dein Vater, der ins Verborgene sieht, wird es dir vergelten." (Matth. 6, 6)

Ich kannte einen Mann, der diese Anweisung Jesu (über die sonntäglichen Kirchgänge hinaus) wörtlich nahm. Er schloß sich - obwohl Kaufmann in Hüten en gros - tagelang zum Gebet in sein Schlafzimmer ein und ließ sich das Essen von seiner Frau oder den Töchtern vor die Tür stellen. Sicher erwartete er dafür Vergeltung vom „Vater, der ins Verborgene sieht". Ob diese Gebetsmotivation höher steht als die des in

Kirchen und auf Straßen verrichteten Gebets, sei dahingestellt; ethisch wertlos erscheint das eine wie das andere.

Matthäus fährt fort: „Wenn ihr betet, so plappert nicht wie die Heiden! Die meinen, sie fänden Erhörung, wenn sie viele Worte machen. Macht es ihnen nicht nach!" (Matth. 6, 7) Ist das nicht eine zutreffende Abschilderung christlicher Gottesdienste mit ihrem nicht endenwollenden Wortschwall, ihrem Plappern und Nachplappern, ihrem gedankenlosen Herunterleiern tausendmal gehörter und nicht ein einziges Mal durchdachter Gebetsformeln? Wahrlich, sie machen es ihnen nach, nämlich die Christen den Heiden!

Gemäß Matthäus fährt Jesus fort: „Euer Vater weiß ja, was euch nottut, ehe ihr ihn bittet. So sollt ihr beten: Vater unser, der du bist in dem Himmel, geheiligt werde dein Name. Es komme dein Reich. Dein Wille geschehe, wie im Himmel, also auch auf Erden. Unser täglich Brot gib uns heute, und vergib uns unsere Schuld, wie auch wir vergeben unsern Schuldigern, und führe uns nicht in Versuchung, sondern erlöse uns von dem Übel. (Luther fügt hinzu - oder läßt nicht aus: Denn dein ist das Reich und die Kraft und die Herrlichkeit in Ewigkeit) Amen. Wenn ihr den Menschen ihre Fehler vergebt, so wird euer himmlischer Vater auch euch vergeben. Wenn ihr aber den Menschen nicht vergebt, so wird auch euer Vater eure Fehler nicht vergeben." (Matth. 6, 8-15)

Hier haben wir es wieder mit einem Text zu tun, der von Jesus ganz offensichtlich bindend und verbindlich gemeint war, der aber durch ständigen Gebrauch in christlichen Gottesdiensten verbraucht ist bis zur völligen Unverbindlichkeit. Wohl kein betender Christ, der in der Kirche vor dem Altare Gottes steht, sei dieser Altar nun mit dem „Allerheiligsten" ausgestattet oder nicht, wird auch nur einen einzigen ernsthaften Gedanken darauf verschwenden, was er wirklich im Angesichte Gottes ausspricht, wenn er sagt: „wie auch wir vergeben unsern Schuldnern". Ganz einfach: er, sie, es lügt, der Christ, die christliche Frau, das christliche Kind; denn keiner von ihnen denkt im Ernst daran, allen denjenigen zu vergeben und zu verzeihen, mit denen ein Mißverhältnis, ein Streit, ein Hader besteht. Wohl kaum je ein in der Kirche gesprochenes Vaterunser mit der Bitte um Verzeihung eigenen Fehlens und dem Versprechen des Verzeihens dem wirklichen oder vermeintlichen Schuldner gegenüber hat den Beter die Kirche anders zu verlassen bewirkt als er sie zuvor betreten. Da hilft auch keine Drohung: „Wenn ihr aber den Menschen nicht vergebt, so wird auch euer Vater eure Fehler nicht vergeben," (Matth. 6, 15)

Anstelle der von Jesus vorgesehenen Selbstreinigung von Schuld durch die Vergebung der Schuld anderer hat die Kirche die Seelenwäsche der Beichte gesetzt, das Ohren- und Lippenbekenntnis mit der vom Priester verabreichten Absolution, mit der man getröstet heimwärts ziehen und so weitermachen kann wie bisher, nachdem man aufgetragene Bußgebete heruntergelispelt hat, gedankenlos und routiniert wie jedes Gebet. Und wenn man es zu arg treibt, kann man es bei nächster Gelegenheit wieder beichten, sich reuig stellen und alsdann gerechtfertigt nach Hause gehen. Die scheinfromme Lüge im Vaterunser „wie auch wir vergeben unseren Schuldnern" kann man auf diese Weise Sonntag für Sonntag und Feiertag für Feiertag und - wenn es sein muß - auch tagtäglich seinem Herrgott ins Angesicht plappern, und zwar mit allen versammelten frommen Seelen gemeinsam im Sprechchor. Das hier Gesagte ist nicht etwa böswillige Diffamierung christlicher Kirchgänger, es ist die schlichte Realität, von der aus sich das Zusammenleben der Christen qualitativ bestimmt. Man muß generell sagen: sobald sie das Vaterunser beten, lügen sie; denn die von Jesus intendierte verpflichtende Verbindlichkeit dieses zentralen Gebets wird durch den Usus und Abusus der Christen zur allgemeinen Unverbindlichkeit entwertet.

Bei Lukas spielt sich die Szene zu anderer Zeit und darum in anderem Zusammenhang ab. Er berichtet unvermittelt über Jesus folgendes: „Einst verweilte er an einem Orte im Gebete. Als er damit zu Ende war, bat ihn einer von seinen Jüngern: 'Herr, lehre uns beten, wie auch Johannes seine Jünger beten gelehrt hat'. Da sprach er zu ihnen: 'Wenn ihr betet, so sprecht: Vater, geheiligt werde dein Name. Es komme dein Reich. Unser täglich Brot gib uns heute. Vergib uns unsere Sünden; denn auch wir vergeben allen unsern Schuldigern. Und führe uns nicht in Versuchung!'" (Luk. 11, 1-4)

Lukas läßt darauf das Gleichnis vom zudringlichen Freunde folgen, der die Nachtruhe stört, und dem nur wegen seiner Zudringlichkeit gegeben wird, worum er bittet, damit man ihn wieder los wird. Der Widerspruch zu Matth. 6, 8 sei dahingestellt, er ist in unserm Zusammenhang unwichtig. Jedenfalls setzt auch das Vaterunser des Lukas, obgleich ohne anschließende Androhung des Nichtvergebens durch Gott, eine eindeutige Wechselwirkung zwischen Ersuchen um Nachlaß der eigenen Sünden und der aufrichtigen Bereitschaft zum Verzeihen gegenüber dem schuldig gewordenen Mitmenschen voraus.

Der Umkehrschluß ist einfach und klar: da die Christen nicht einmal, indem sie das Vaterunser in Kirchen und Kapellen, auf Straßen und Friedhöfen im Angesichte Gottes über ihre Lippen fließen lassen, ihren Mitmenschen aufrichtig und durchgreifend verzeihen, können sie auch von Gott nicht die Verzeihung ihrer Verfehlungen erwarten. Das aber scheint sie herzlich wenig zu kümmern, sonst könnten sie sich nicht so verhalten, wie es tagtäglich unmittelbar vor Augen geführt wird. Aber es ist ja auch sehr lange her, daß Jesus Christus das alles gesagt hat, und es geschah weit weg von hier. Wer will das denn schon so wortwörtlich nehmen? Schließlich tun das die Bischöfe und Priester auch nicht. Sollen die doch erst einmal damit beginnen. - Amen.

... ja auch sich selbst nicht haßt ...

Luk. 14, 26

Wir sind es gewohnt, das Christentum als eine Religion der Liebe und der Nächstenliebe preisen zu hören, und die Christen, vor allem ihre geistlichen Funktionäre, gefallen sich in entsprechenden rhetorischen Rollen. Aber Behauptungen werden bekanntlich nicht dadurch wahr, daß man sie beständig wiederholt; jedoch prägt ihre ständige Wiederholung sich denen als Pseudowahrheit ein, die sie unkritisch und unreflektiert über sich ergehen lassen, den Gläubigen nämlich, die sich einerseits von der Richtigkeit und Wahrheit des permanent Behaupteten überzeugt glauben, es aber anderseits für sich keineswegs als verbindlich betrachten. Diese christliche Schizophrenie, diese eklatante Bewußtseinsspaltung, ist im Evangelium selber angelegt. Der Evangelist Lukas, vermutlich Mediziner, und ein Mann von griechischer Bildung, der Jesus nie begegnet ist, und darum nicht Augen- und Ohrenzeuge seiner Worte und seines Wirkens war, statt dessen aber Begleiter und Mitarbeiter des fanatischen Paulus gewesen sein soll und übrigens aus dem untergehenden Hellenismus - wie Paulus - asketische Tendenzen ins Christentum gebracht hat, legt Jesus Worte in den Mund, die jedenfalls mit dem Inhalt der Bergpredigt unvereinbar erscheinen. Lukas berichtet, daß dem predigenden Jesus große Volksscharen gefolgt seien, zu denen er sich plötzlich umgewandt und unvermittelt gesagt haben soll: „Wenn jemand zu mir kommt, aber Vater und Mutter und Frau und Kind und Bruder und Schwester, ja auch sich selbst nicht haßt, so kann er nicht mein Jünger sein. Wer sein Kreuz nicht trägt und mir nicht nachfolgt, kann nicht mein Jünger sein." (Luk. 14, 26-27)

Angesichts einer derartigen Zumutung kann sich jeder vernünftige Mensch eigentlich nur auf dem Absatz umdrehen und den Herrn seiner Wege ziehen lassen. Durch dieses inhumane Wort wurde das Christentum mit dem Odium des Hasses - dieser scheinbare Pleonasmus ist beabsichtigt! - affiziert und infiziert. Der Virus des Hasses und Selbsthasses hat sich mit dieser verhängnisvollen Überlieferung über den christlichen Erdkreis verbreitet und immer wieder die engsten und nächsten, ja die intimsten menschlichen Beziehungen vergiftet und zersetzt.

An anderer Stelle übrigens läßt Lukas seinen Herrn Jesus sagen: „Glaubt ihr, ich sei gekommen, Frieden auf die Erde zu bringen? Nein, sage ich euch, sondern Zwiespalt. Fortan werden fünf in einem Hause in Zwiespalt sein: drei gegen zwei und zwei gegen drei: der Vater wird in Zwiespalt sein mit dem Sohn und der Sohn mit dem Vater, die Mutter mit der Tochter und die Tochter mit der Mutter, die Schwiegermutter mit der Schwiegertochter und die Schwiegertochter mit der Schwiegermutter." (Luk. 12, 51-53)

Dem bleibt allenfalls die Feststellung hinzuzufügen: So sieht christliche Nächstenliebe in der Tat aus, bis heute.

Kommen wir aber auf das erste Zitat aus dem Evangelium des Lukas zurück, auf die Forderung, daß jeder seinen nächsten Angehörigen und auch sich selbst um Jesu willen hassen soll. Jesus hat gemäß dieser Lukas-Überlieferung nicht etwa nur für sich selbst und seine Lehre absolute Priorität beansprucht, und zwar auf Kosten der engsten Familienbeziehungen, sondern seinen Gefolgsleuten zugleich die absolute Isolation abverlangt, eine Isolation, die durch Haß und Selbsthaß garantiert und stabilisiert wird. Hier liegt nicht nur der Grundstein für Askese und Welthaß christlicher Ordensleute und Anachoreten, für Zölibat und Puritanismus - den christlichen Funktionären sei der von Lukas verordnete Nächstenhaß innerhalb ihrer Institution zugestanden -, sondern auch für ungezählte von der Kirche verursachte tragische Zerwürfnisse zwischen nächsten Angehörigen. Die Kirche, die sich als Nachfolgerin Jesu und Vollstreckerin Gottes auf Erden versteht, hat den von Lukas behaupteten Anspruch Jesu für sich beansprucht und auf diese Weise Zwietracht und Haß unter die Menschen gebracht. Der religiöse Mensch hat der haßerfüllte Mensch zu sein, wo immer das Interesse seiner nächsten Angehörigen oder sein eigenes Interesse mit den Interessen der Kirche kollidiert.

Unter diesem Postulat können, nein, müssen Eltern ihre Kinder hassen und verstoßen, wenn sie von den Geboten der Kirche abweichen, müssen Ehen zerbrechen, uneheliche Mütter und ihre Kinder familiär und gesellschaftlich verfemt und diffamiert, Familienbande zerrissen und schließlich unschuldige Menschen, von kirchlicher Instanz verdächtigt und angeklagt, mit allen Mitteln des Hasses inquisitorisch verfolgt, gefoltert und unter unsäglichen Qualen lebendig begraben, eingemauert oder verbrannt werden. Das durch die Worte des Lukas entfachte Inferno wütete durch die Jahrhunderte hindurch; die schaurige Selbstzerfleischung des Christentums findet ihre Rechtfertigung in diesen Worten.

Darf man dem Propheten der Bergpredigt die widernatürliche, jeder Humanität hohnsprechende Zumutung des Hasses wirklich zutrauen? Kann man annehmen, daß dieser Jesus, der dem Leben und auch dem Lebensgenuß freundlich und freudig zugeneigt war, der Kranke geheilt, Leidende getröstet, psychisch Belastete erleichtert und selbst Tote zum Leben zurückgerufen haben soll, den Menschenhaß und Selbsthaß um seinetwillen gefordert habe? Jesus war offensichtlich weder selbst Asket noch forderte er von den Menschen Askese. Unwahrscheinlich daher auch, daß er von seinen Jüngern verlangt haben soll, ihm das Kreuz nachzutragen, bevor er es selbst auf seine Schultern nehmen mußte.

Lukas formuliert offensichtlich einen Machtanspruch der sich unter dem Wirken des Paulus formierenden Kirche, die sich usurpatorisch an Jesu Stelle setzte und fortan alles, was er gesagt hat oder gesagt haben soll, auf sich bezog und für sich beanspruchte. Je widersprüchlicher die Forderungen des in den Evangelien überlieferten Jesus wurden, umso besser ließ sich mit ihnen zugunsten der Institution Kirche und ihrer Herrschaft jonglieren und manipulieren. Da bedurfte es dann nur noch der Okkupation des Heiligen Geistes, um jedwede kirchliche Auslegung zu dogmatisieren, ex cathedra nämlich, das heißt mit dem Anspruch auf absolute Wahrheit, absolute Verbindlichkeit, absolute Gesetzmäßigkeit.

Mit diesem starren Absolutheitsanspruch entwickelte sich die Kirche, die einen Missionsbefehl empfangen zu haben behauptet, immer mehr zu einem lebens- und menschenfeindlichen System, das die Erde mit Kreuzzügen und Glaubenskriegen überzog, bis sie schließlich mit der Inquisition auch die eigenen Gläubigen folterte und verbrannte.

Abgesehen davon: immer wieder, bis auf den heutigen Tag, hat das Christentum unter Berufung auf Worte des Evangeliums Zwietracht unter Menschen gesät, die sich zwar einander zugehörig wissen, jedoch hörig gemacht werden im gehorsamen Haß gegen ihre Nächsten zugunsten einer den Haß zum Lebensprinzip erhebenden Institution. Haß und Selbsthaß als unabdingbare Voraussetzung für die Nachfolge Christi haben eine schauerliche Blutspur durch die Geschichte der Menschheit gezogen, für die allein das Christentum verantwortlich zu machen ist.

Im Haß liegt die absolute Verneinung. Wer Vater und Mutter und Frau und Kind und Bruder und Schwester und schließlich auch noch sich selbst verneint, ist nicht mehr lebensfähig im Sinne gesunden und natürlichen Sozialverhaltens. Er wird zum Schädling menschlicher Gesellschaft. Er entwickelt notwendig Haß auf die Liebe, auf seine ureigenen körperlichen und seelischen Bedürfnisse und wird damit zwanghaft zum Neurotiker.

Eine Religion, die den Haß und Selbsthaß zur unabdingbaren Prämisse der Zugehörigkeit zu ihr erhebt, sollte als radikal gesellschaftsschädlich erkannt und entlarvt werden; denn ihr erstes Gebot lautet in Wahrheit: Du sollst deinen Nächsten hassen wie dich selbst! - Amen.

Ich bin nicht gekommen, Frieden zu bringen, sondern das Schwert

Matth. 10, 34

Dem friedfertigen, menschenfreundlichen, wundertätig-heilenden Jesus werden von seinen Gefolgsleuten böse Worte in den Mund gelegt, die die Christen im Laufe der Geschichte zu scharfen, todbringenden Waffen umgeschmiedet haben, Waffen, mit denen sie ihrem Haß Genüge tun und das Blutvergießen bis zur Selbstzerfleischung treiben konnten. Matthäus läßt den in Städten und Dörfern predigend umherziehenden Jesus sagen: „Glaubt nicht, ich sei gekommen, Friede auf die Erde zu bringen. Ich bin nicht gekommen, den Frieden zu bringen, sondern das Schwert. Denn ich bin gekommen, den Sohn mit seinem Vater zu entzweien, die Tochter mit ihrer Mutter, die Schwiegertochter mit ihrer Schwiegermutter. So werden des Menschen Feinde seine eigenen Hausgenossen. Wer Vater oder Mutter mehr liebt als mich, ist meiner nicht wert. Und wer Sohn oder Tochter mehr liebt als mich, ist meiner nicht wert. Wer sein Kreuz nicht auf sich nimmt und mir nicht nachfolgt, ist meiner nicht wert. Wer sein Leben zu gewinnen sucht, wird es verlieren; wer dagegen sein Leben um meinetwillen verliert, wird es gewinnen." (Matth. 10, 34-39)

War in der Überlieferung des Lukas nur von Haß und Zwiespalt die Rede, die Jesus statt des Friedens über die Seinigen bringen wollte, so wird hier das Schwert ausgehändigt, die Waffe also, mit der Haß und Zwietracht ausgetragen werden können. Und das soll nötigenfalls geschehen bis zur Aufgabe des eigenen Lebens, todesmutig, fanatisch bis zum letzten Augenblick, jedoch unter der Verheißung, daß damit das eigentliche Leben gewonnen werde.

Christlicher Haß, christlicher Fanatismus, christlicher Kampfgeist, christlicher Vernichtungswille bis zur Selbstaufgabe, alles das, was nachfolgend die Geschichte des christlichen Abendlandes und die Geschichte christlicher Missionierung in allen übrigen Erdteilen unserer Welt in ihre Annalen schreiben konnte, wurde mit diesen Worten Jesu grundgelegt, findet in ihnen ihre Rechtfertigung.

Schon im engsten privaten Lebensbereich des folgsamen Christen soll es beginnen: „So werden des Menschen Feinde seine eigenen Hausgenossen." (Matth. 10, 36) Das ist ein Zustand, den noch jedes totalitäre System für wünschenswert gehalten und folgerichtig angestrebt hat. Denunziation war der erste Schritt fast aller inquisitorischen Verfahren, und bis in unsere Zeit hinein haben andere, nämlich politisch-totalitäre Herrschaftssysteme abendländischer Provenienz, Kommunismus und Faschismus, ihren Profit daraus gezogen, Hausgenossen und Familienangehörige einander zu verfeinden, soweit sie sich nicht als systemimmanent linientreu erwiesen.

Das angeblich von Jesus seinen Jüngern ausgehändigte Schwert des Unfriedens, des Zwiespalts und der Vernichtung bis zur Selbstaufgabe hat ganze Arbeit geleistet und ist von den Christen bis heute nicht aus der Hand gelegt worden. Die „Bekehrung" unserer Vorfahren geschah nicht mit den Mitteln des Friedens, nicht durch überzeugende Worte und beispielhaft vorbildliche Glaubensboten, sondern durch das Schwert des vom Papst zum Büttel erhobenen Kaisers Karl, den man den Großen nennt und in einer zutreffenderen Version als den Sachsenschlächter bezeichnet hat. Im Jahre 782 ließ er im „Strafgericht zu Verden an der Aller" 4 500 Sachsen, die sich seiner Herrschaft und dem eindringenden Christentum widersetzt hatten, hinrichten. Die Christianisierung vollführte das Schwert, und es begann mit einem für uns heute unvorstellbaren Blutbad.

Mit der Herrschaft der Kirche und des Christentums konnte jedoch im Abendland - wie in anderen Teilen der Erde, wo sich das Christentum blutig durchgesetzt hatte - kein Friede einkehren. Kreuzzüge und Missionskriege nach außen, Glaubenskriege und Inquisition in den eigenen Reihen ließen das Schwert nie zur Ruhe kommen; das per Evangelium befohlene Morden bis zur Selbstzerfleischung geht weiter bis in unsere Tage, wie etwa die fanatischen Religionskämpfe in Irland zeigen.

Frieden wird die Kirche nicht eher schließen, bis sich ihrem Herrschaftsanspruch alle Menschen bedingungslos untergeordnet haben, und mit jeder seiner Reden wetzt der durch die Länder der Welt reisende polnische Papst das ihm verliehene Schwert Jesu gegen seine Feinde im Innern und nach außen hin.

Den Unfrieden schürt die Kirche in unseren Tagen vor allem mit ihrer widervernünftigen Verdammung der Geburtenkontrolle und der Forderung nach Verschärfung der strafrechtlichen Verfolgung von Schwangerschaftsabbrüchen. Ungezählte Menschen werden dadurch in schwere Gewissenskonflikte gestürzt, gegeneinander aufgebracht und vor allem unzählige sozial unterprivilegierte Frauen und ihre ungewollten Kinder in Not und Elend, in Isolation und Kriminalität abgedrängt. Nicht durchgreifende Hilfe und Fürsorge in der Not, nicht Verstehen und begleitende Teilnahme hält die von Männern regierte Kirche für die Hilflosigkeit von Frauen und Kindern bereit, sondern das Schwert der Strafandrohung und Strafe. Da sie sich selber dieses Schwertes legal nicht mehr bedienen kann, verlangt sie, daß der Staat es zur Anwendung bringe. Diese Methode ist nicht neu.

Als Jesus gefangengenommen wurde, griff einer seiner Begleiter zum Schwert und hieb damit einem Knecht des Hohenpriesters ein Ohr ab. Darauf sprach Jesus zu ihm: „Stecke dein Schwert in die Scheide. Alle, die zum Schwert greifen, kommen durch das Schwert um." (Matth. 26, 5) - Späte Einsicht, Widersprüchlichkeit? Jesu Widersprüchlichkeit bot zu allen Zeiten und bietet weiterhin ein ausgedehntes Feld für theologische Spekulationen, Expektorationen und Sophismen. Mit der Bibel läßt sich alles beweisen und begründen und auch das Gegenteil. Darin liegt zugleich ihre Wertlosigkeit und ihre Gefährlichkeit. - Amen.

Richtet nicht!

Matth. 7, 1

I.

Welchen Wert hat dieser Appell Jesu an seine Jünger, und was hat er in der Geschichte des Christentums bewirkt? Die Frage ist leicht beantwortet: nichts, aber auch gar nichts.

Doch hören wir zunächst den vollständigen Text. Matthäus überliefert Jesu Rede folgendermaßen: „Richtet nicht! So werdet ihr nicht gerichtet. Denn das Urteil, das ihr fällt, wird über euch gefällt, und mit dem Maße, mit dem ihr meßt, wird euch gemessen werden. Was siehst du den Splitter im Auge deines Bruders, und den Balken in deinem eigenen Auge beachtest du nicht? Oder wie kannst du zu deinem Bruder sagen: Laß mich den Splitter aus deinem Auge ziehen, und siehe, in deinem Auge steckt ein Balken? Du Heuchler, zieh erst den Balken aus deinem Auge! Dann magst du sehen, wie du den Splitter aus dem Auge deines Bruder ziehst." (Matth. 7, 1-5)

„Nolite judicare, ut non judicemini", so heißt die Aufforderung Jesu in der Vulgata. Der Begriff ist mehrdeutig; denn judicare läßt sich auf vielerlei Art ins Deutsche übersetzen, und zwar sowohl mit Rechtsprechen, gerichtlich untersuchen, Richter sein, den richterlichen Ausspruch tun, aburteilen, gerichtlich entscheiden, verurteilen als auch urteilen, beurteilen, taxieren, schätzen, eine Meinung haben, öffentlich erklären. Was ist hier also gemeint? Dürfen Christen sich nicht als Richter betätigen, dürfen sie niemand verurteilen? Jedenfalls wohl nicht solange, als sie nicht den Balken aus dem eigenen Auge gezogen haben.

Die Motivation, die Jesus seinen Jüngern gibt, erscheint jedoch fragwürdig: er macht ihnen Angst damit, daß ihnen mit gleichem Maß gemessen wird, er droht ihnen, daß auch sie gerichtet werden, wenn sie selber richten. Eine solche Drohung, die Wohlverhalten aus Angst produziert, muß als ethisch minderwertig erkannt werden; denn sie wendet sich an die Selbstsucht, an die Eigensucht, an den Egoismus des Menschen.

Hören wir aber zunächst, was Lukas darüber berichtet. Hier ist der Kontext ein anderer. Im Bericht des Matthäus geht ein inhaltlich völlig verschiedener Sachverhalt voraus; dort geht es nämlich um Zukunftssorgen, insbesondere um Kümmernisse, die den nächstfolgenden Tag betreffen. Bei Lukas dagegen fügt sich unser Text organisch in die vorhergehende Rede Jesu ein oder schließt sich doch nahtlos daran an. Da war nämlich die Rede von der Liebe gegenüber den Feinden, von der Güte Gottes und von der Barmherzigkeit gegenüber den Menschen. Und dann folgt dieser Text: „Richtet nicht! Dann werdet ihr nicht gerichtet. Verdammt nicht, so werdet ihr nicht verdammt. Vergebt, so wird euch vergeben. Gebt, so wird euch gegeben: ein gutes, volles gerütteltes und überfließendes Maß wird man euch in den Schoß schütten. Denn mit dem gleichen Maße, mit dem ihr meßt, wird euch wieder gemessen." (Luk. 6, 37-38)

Abgesehen davon, daß hier wieder Wohlverhalten um des Lohnes willen propagiert und von Mißverhalten zur Vermeidung von Strafe abgeschreckt wird, stellt sich auch hier die Frage, warum christliches Verhalten durch die gesamte Geschichte hindurch bis in unsere Tage hinein so ganz anders aussieht, als Jesus es hier gefordert hat. Nehmen denn die Christen ihren Christus überhaupt nicht ernst? Gehen ihnen solche prägnanten Worte zum einen Ohr hinein und zum andern gleich wieder hinaus? Wie man weiß, ist die Bibel widersprüchlich, ja so widersprüchlich, daß man fast mit jedem Bibelwort ein anderes totschlagen kann. Denkt man etwa in unserm Zusammenhang an den von Johannes überlieferten Auftrag des posthumen Jesus, mit dem er nach Auffassung der katholischen Kirche das Bußsakrament eingesetzt haben soll, so haben wir es schon wieder mit einem eklatanten Widerspruch zu unseren nach Matthäus und Lukas zitierten Jesu-Worten zu tun. Bei Johannes nämlich, hauchte Jesus seine Apostel an und sprach: „Empfanget den Heiligen Geist. Wem ihr die Sünden nachlasset, dem sind sie nachgelassen; wem ihr sie behaltet, dem sind sie behalten." (Joh. 20, 22-23) Ist das etwa kein Richteramt, das hier übertragen wird? Mehr noch, hier wird jeder Willkür Tür und Tor geöffnet; denn nicht nach einem wie auch immer gearteten Gesetz soll hier verfahren werden, sondern nach Maßgabe der Eingebung des eingehauchten Heiligen Geistes. Auf diesen Auftrag Jesu und die Autorisierung durch den Heiligen Geist hat sich die Kirche immer wieder zu berufen gewußt. Sie hat gerichtet, sie hat geurteilt, verurteilt. Man denke an die Blütezeit ihres Richteramtes zur Zeit der heiligen Inquisition, die zunächst aus dem Kampf der katholischen Kirche gegen die Katharer und Waldenser erwuchs, später allgemein gegen sogenannte Ketzer angewendet wurde und schließlich mit der grausamen Folter und Verbrennung der eigenen Gläubigen, die man der Hexerei bezichtigte, fortgesetzt wurde.

Man sollte nicht übersehen, daß von Jesus eben nicht nur die freundlichen Ermahnungen zu Nächstenliebe und Feindesliebe verkündet worden sein sollen, sondern auch die entsetzlichsten, inhuman-scheußlichen Drohungen mit ewigen Höllenstrafen in Feuersbrünsten. Was die Hexen nur für relativ kurze Zeit an unvorstellbaren Körper- und Seelenqualen auf den Scheiterhaufen zu durchleben hatten, das drohen Jesus und seine Kirche allen Ernstes denen an, die im Zustand der sogenannten Todsünde sterben, ja denen, die - aus welchen Gründen auch immer - nicht das glauben, was ihnen zu glauben vorgeschrieben wird (vgl. Mark. 16, 16)

Richtet nicht? Wann hätten sich Christentum und Kirche danach je gerichtet? Die Hartnäckigkeit, mit der sich in unserem Land das aus dem Jahre 1871 stammende Strafgesetzbuch - ungeachtet einiger sogenannter Neufassungen - in seinen Grundstrukturen erhalten hat, obwohl es längst nach den Erkenntnissen moderner Psychologie und Medizin einem Maßnahmenrecht hätte weichen müssen, zeigt nur zu deutlich, wie tief das Strafdenken in der christlichen Gesellschaft verankert ist. Geldstrafen und Haftstrafen sind die einzigen Maßnahmen, die christliche Gesetzgeber und Juristen sich einfallen lassen; mit diesem Rachedenken glaubt man die - übrigens oft an der Gesellschaft gescheiterten - Täter, genannt Straftäter, zur Räson bringen zu können, eine ebenso aussichtslose wie den einzelnen und die Gesellschaft schädigende Maßnahme, sofern es sich um das stupide Einsperren von Übeltätern handelt. Sie werden damit sozial endgültig diskriminiert und weiter kriminalisiert.

Richtet nicht! Diese Forderung Jesu ist in die Reihe seiner übrigen utopischen Postulate einzugliedern. Kein Mensch richtet sich danach. - Amen.

II.

Was müßte einem christlichen Staatsanwalt, einem christlichen Strafrichter oder auch nur einem gläubigen Zivilprozeßrichter durch den Kopf gehen, wenn er in der Kanzelverkündigung Jesu Wort aus der Bergpredigt vernimmt: „Richtet nicht! So werdet ihr nicht gerichtet"? (Matth. 7, 1) Soll er sein Amt quittieren, oder soll er das innere Ohr verschließen, wenn da der volle Wortlaut verkündet wird? (Matth. 7, 1-5)

Ehe sich christliche Richter über das Maß, nach dem sie richten, Gedanken machen müßten, hätten es die christlichen Gesetzgeber tun müssen, die den Richtern Gesetze und Prozeßordnungen vorgeschrieben haben. Haben sie es nicht getan, so ist nach Jesu Worten unser gesamtes Rechtswesen das System einer einzigen großen Heuchelei. Wo Menschen über Menschen richten, erheben sie sich über sie zu einer urteilenden und aburteilenden Instanz, sehen und bewerten den Splitter im Auge des Bruders, des Mitmenschen, lassen jedoch den Balken im eigenen Auge unbeachtet. Der Richter besteigt als ein von Amts wegen Untadeliger, Unangreifbarer, zum Richtenden erhobener und zum Urteilen und Verurteilen befugter Besserwisser seinen Richterstuhl und tut das, was Jesus von vornherein mit Strafe oder eigentlich mit Vergeltung bedroht: „Denn das Urteil, das ihr fällt, wird über euch gefällt, und mit dem Maße, mit dem ihr meßt, wird euch gemessen werden." (Matth. 7, 2)

Würde Jesus von seinen Gläubigen ernst genommen, kein gewissenhafter Christ dürfte es wagen, das Amt des Staatsanwalts, also des berufsmäßigen Anklägers, und das Amt des Richters anzunehmen.

Man darf mit Recht fragen, ob überhaupt ein Staatswesen darauf verzichten kann, die gesetzgebende, die ausführende und die richterliche Gewalt bei Vermeidung der Anarchie einzusetzen, zu fördern und zu schützen. War nicht Moses der erste geniale Gesetzgeber in der Tradition unserer Religionsgeschichte, und hat nicht Jesus selbst gesagt: „Glaubt nicht, ich sei gekommen, das Gesetz oder die Propheten aufzuheben. Ich bin nicht gekommen, um sie aufzuheben, sondern um sie zu erfüllen". (Matth. 5, 17) Und welche Fülle von grausamen Verurteilungen enthält das Gesetz des Moses!

Sollte also Jesu Mahnung und Drohung „Richtet nicht" doch nicht so wörtlich zu nehmen sein? Sind Gesetze und die nach Gesetzen praktizierenden Richter davon ausgenommen, etwa nach der Maxime „Gebt dem Kaiser, was dem Kaiser gebührt, und Gott, was Gott gebührt" (Matth. 22, 21 u.a.) oder nach dem Wort des Paulus: „Ein jeder soll sich der obrigkeitlichen Gewalt unterordnen. Denn es gibt keine Gewalt, die nicht von Gott stammt. Wo eine Gewalt besteht, ist sie von Gott angeordnet. Wer sich daher gegen die Gewalt auflehnt, lehnt sich gegen die Anordnung Gottes auf; wer sich aber gegen sie auflehnt, zieht sich das Gericht zu." (Röm. 13, 1-2)

Sind damit nicht die Richter und ihre Richtersprüche gerechtfertigt? War nach Paulus nicht auch die nationalsozialistische Gewalt von Gott angeordnet, und berief sich dann nicht Adolf Eichmann mit vollem christlichen Recht darauf, nur obrigkeitliche Befehle ausgeführt zu haben, als er in der staatlichen Judenvernichtungsmaschinerie eine prominente Rolle spielte?

Jesus droht denen, die richten, an, daß ihnen mit gleichem Maß zugemessen werde; Paulus droht denen, die sich gegen staatliche richterliche Gewalt und ihre Ausübung, auflehnen, das Gericht an. Sind das nur scheinbare, oder sind es wirkliche Widersprüche? Die theologische Auslegung der Forderung Jesu „Richtet nicht" pflegt sich denn auch auf die Privatsphäre des einzelnen zurückzuziehen und ermahnt ihn, über den Nächsten nicht den Stab zu brechen, nicht über ihn zu urteilen, bevor nicht der Balken aus dem eigenen Auge gezogen ist. Und so wird eben dieser steckengebliebene Balken im Auge des Richtenden zur Quintessenz der Forderung, Mahnung und Warnung Jesu erhoben, womit freilich ein ethischer Anspruch formuliert wäre, der sich auf den Nenner bringen ließe: Bedenke in allem, was du über andere denkst und sagst und urteilst, daß auch du selber nur ein fehlerhafter, von schuldhaften Versäumnissen und Vergehen keineswegs freier Mensch bist; bedenke daher deine humane Solidarität mit dem, über den du dich moralisch erheben möchtest. In diesem Sinne kann man Jesu Wort gelten lassen und muß es dann nicht als Utopie belächeln oder überhören.

Lukas überliefert die betreffende Passage der Bergpredigt in einem etwas abgewandelten Wortlaut; und diese Variante ist nicht uninteressant, da sie die Akzente noch deutlicher setzt: „Richtet nicht! Dann werdet ihr nicht gerichtet. Verdammt nicht, so werdet ihr nicht verdammt. Vergebt, so wird euch vergeben. Gebt, so wird euch gegeben: ein gutes, volles, gerütteltes und überfließendes Maß wird man euch in den Schoß schütten. Denn mit dem gleichen Maße, mit dem ihr meßt, wird euch wiedergemessen." (Luk. 6, 37-38)

Hier liegt die Betonung mehr auf der Belohnung für nachsichtiges Wohlverhalten als auf der Strafe für unnachsichtiges Richten und Urteilen.

Der Text des Lukas läßt den Schluß zu, daß Jesus bei seiner Mahnung wohl nicht nur an Richten und Urteilen gedacht haben mag, sondern auch an die Neigung der Menschen, mit lieblosem Klatsch und Tratsch über andere herzufallen, ihnen mit Rufmord und Diffamierung Schaden zuzufügen. Nicht verdammen, sondern vergeben, das scheint der Grundtenor des Appells Jesu zu sein. Hätten die Christen und ihre geistlichen Führer, die Vertreter der Amtskirche, wenigstens diesen begriffen und genügend ernst genommen, so hätte das Antlitz der Erde wirklich erneuert werden können. - Amen.

Nicht die Gesunden bedürfen des Arztes, sondern die Kranken

Matth. 9, 12

Gleich dreimal findet sich die Szene in den Evangelien, nämlich bei den sogenannten Synoptikern, in der sich Jesus als Arzt bezeichnet, als jemand, der gekommen sei, die Sünder zu berufen oder, wie es bei Lukas heißt, „zur Umkehr zu rufen" (Luk. 5, 32) Bei Matthäus, der von der Sache selbst betroffen sein will und sich - im Gegensatz zu Markus und Lukas, die ihn Levi nennen - von vornherein als Matthäus bezeichnet, liest sich die Stelle zunächst so:

„Als Jesus von dort weiterging, sah er einen Mann mit Namen Matthäus an der Zollstätte sitzen. Er sprach zu ihm: 'Folge mir!' Der stand auf und folgte ihm." (Matth. 9, 9) Bei Lukas wird der weitere Verlauf der Geschichte anschaulicher und deutlicher geschildert: „Levi gab ihm nun in seinem Hause ein großes Gastmahl. Eine große Menge Zöllner und andere Leute waren mit zu Tische." (Luk. 5, 29)

Bei Matthäus dagegen heißt es: „Als er dann in dessen Hause zu Tische saß, kamen viele Zöllner und Sünder und setzten sich mit Jesus und seinen Jüngern zu Tische." (Matth. 9, 10) Auch Markus berichtet von vielen Zöllnern und Sündern, die mit Jesus und seinen Jüngern zu Tische saßen. (Mark. 2, 15)

Bei Matthäus heißt es dann weiter: „Die Pharisäer sahen das und sagten zu seinen Jüngern: 'Warum ißt euer Meister mit Zöllnern und Sündern?' Jesus hörte es und erwiderte: 'Nicht die Gesunden bedürfen des Arztes, sondern die Kranken. Geht hin und lernt verstehen, was das heißt: Barmherzigkeit will ich und nicht Opfer. Denn ich bin nicht gekommen, die Gerechten zu berufen, sondern die Sünder'." (Matth. 9, 11-13) Die geringfügigen Textabweichungen an dieser Stelle bei Markus und Lukas kommen so gut wie nicht in Betracht, abgesehen davon, daß Matthäus seinen Jesus auf eine Stelle beim Propheten Hosea oder Osee Bezug nehmen läßt, der seinem Gott in den Mund gelegt hatte: „Denn Liebe will ich, nicht Opfer, Gotteskenntnis, nicht Brandopfer." (Hos. 6, 6) Damit setzte sich der zumindest halbverrückte Prophet, der seinem Volk die Ehetragödie mit einer angeblich verworfenen Person glaubte vorspielen zu müssen, in Widerspruch zum mosaischen Gesetz, in dem Brandopfer aller Art in allen Einzelheiten vorgeschrieben worden waren, ausführlich nachzulesen im Buche Leviticus. (Lev. 1-7)

Was aber hat es mit den „Sündern" auf sich, die bei der Tafelrunde im Hause des Levi oder Matthäus zugegen gewesen sein sollen? Der Leser des Textes erfährt darüber nichts. Die Theologen pflegen daher in ihren Kommentaren hinzuzufügen, daß die Zöllner, die im Lande die Geschäfte der Römer besorgten, als Abtrünnige gegolten hätten, während in den Augen der Pharisäer Sünder alle diejenigen gewesen seien, die die jüdischen Gebräuche nicht genau beachtet hätten und mit den Heiden verkehrten.

Diese Leute nun bezeichnet Jesus gegenüber den Pharisäern als Kranke, die des Arztes bedürfen; als solche, die Barmherzigkeit benötigen, und die er -laut Lukas - zur Umkehr rufen möchte.

Was ist damit gemeint? Sollten die Zöllner ihren Beruf aufgeben? Sollten die Sünder wieder die jüdischen Gebräuche einhalten und nicht mehr mit den Heiden verkehren? Das alles wird nicht klar, zumal die Tischgespräche, die Jesus mit den Diskriminierten geführt haben soll, mit keinem einzigen Satz erwähnt werden. Was also soll man aus einer solchen dreimal wiederholten Schriftstelle machen, in der eine bestimmte Bevölkerungsgruppe auch von Jesus als krank und sündig hingestellt wird? Das einzige, was daraus zu lesen ist, wäre: man soll sich ihnen zuwenden und sie nicht ablehnen, nicht ausschließen. Man soll sich mit ihnen zu Tisch setzen, das Gespräch mit ihnen pflegen, um sie gleichsam zu heilen.

Lassen wir einmal die moralische Wertung dahingestellt, die diese dreifach wiederholte Schriftstelle zur Voraussetzung hat; - und diese von den Pharisäern und Schriftgelehrten vorgenommene Wertung wird offensichtlich von Jesus nicht in Frage gestellt, sondern geradezu bestätigt - so soll damit offensichtlich den anwesenden Jüngern ein Vorbild gegeben werden, sozusagen eine Verhaltensvorschrift im Umgang mit nonkonformistischen Sündern, mit Menschen, die sich aus der Sicht der Rechtgläubigen tadelnswert und falsch verhalten, so daß ihnen das vorzuwerfen ist, was Moralisten als Sünde bezeichnen. Jesus jedenfalls sieht nicht nur kein Hindernis, mit solchen Leuten gesellschaftlich zu verkehren, er fordert es geradezu, und zwar im Sinne einer positiven, ja heilenden Beeinflussung.

Die Kirche ist da ganz anderer Ansicht. Sie ist völlig auf den von Jesus verworfenen Standpunkt der Pharisäer zurückgekehrt, wenn sie von ihren Gläubigen fordert, den vertrauten Umgang mit glaubenslosen Kameraden, Religionsspöttern und Irrgläubigen zu meiden, wie noch im Katholischen Katechismus für das Bistum Münster von 1927 auf Seite 37 ausdrücklich eingeschärft wird. Zuvor heißt es dort: „Wir sollen unseren Glauben dadurch schützen, daß wir ein christliches Leben führen und alles meiden, was dem Glauben Gefahr bringt." Zu diesen Gefahren sollen auch „glaubensfeindliche Schriften" gehören. Hier werden also die gleichen Scheuklappen empfohlen und befohlen, die schon die Pharisäer bei Jesus und seinen Jüngern forderten. Also kein Arzt mehr für die angeblich Kranken, keine Berufung mehr der Sünder, kein Bemühen um ihre Umkehr. Man könnte dabei ja des eigenen wackeligen Glaubens verlustig gehen: denn die stärkeren Argumente stehen bekanntlich auf der Seite des Wissens und der Kenntnis, nicht auf der des Glaubens. Im übrigen kennt die Kirche aus ihrer zweitausendjährigen Geschichte wirkungsvollere Methoden, den Glauben zu verbreiten als das Tischgespräch mit Zöllnern und Sündern, nämlich die Anwendung des Schwertes, der Feuerwaffen, der Folter, des Scheiterhaufens oder der sozialen Isolation durch den Kirchenbann. Mit diesen Methoden hat man ganze Völkerschaften samt ihren Regierenden in die Kirche getrieben und ein Riesenvermögen erobert: Grund und Boden, Zwingburgen (Klöster und Kirchen) und einen unermeßlichen Reichtum an Kirchenschätzen. So sieht die Realität der ärztlichen Maßnahmen zur Gesundung der an Sünden kranken Menschheit aus!

Im übrigen beachte man die Überheblichkeit und die Selbstgerechtigkeit in dem Wort Jesu, der sich hier selber als Arzt aufspielt und die Tischgenossen in die Kategorie der Kranken und Sünder verweist. Wird es ihnen Freude gemacht haben, noch mit ihm zu Tische zu sitzen und ernsthafte Gespräche mit ihm zu führen? Woher nahm er die Kompetenz für seine bemerkenswerte Anmaßung? Wenn die Tischgenossen einen einigermaßen gesund funktionierenden Verstand gehabt haben, werden sie als Gesunde diesen Arzt als überflüssig zurückgewiesen haben. Darüber steht leider nichts geschrieben. - Amen.

Leistet dem Bösen keinen Widerstand

Matth. 5, 39

Dieser Text entstammt der sogenannten Bergpredigt Jesu, die übrigens nach den Forschungsergebnissen neuerer Theologen niemals stattgefunden haben soll. Lassen wir diese historischen Fragen, die sicher nie restlos geklärt werden, dahingestellt, und nehmen wir den Text, wie er in der von der Katholischen Kirche approbierten Heiligen Schrift im Matthäus-Evangelium überliefert worden ist.

Nachdem Jesus seinen Jüngern das Schwören untersagt haben soll, fährt er unvermittelt fort: „Ihr habt gehört, daß gesagt worden ist: Aug um Aug, Zahn um Zahn! Ich aber sage euch: Leistet dem Bösen keinen Widerstand, sondern wenn dich jemand auf die rechte Wange schlägt, so halte ihm auch die andere hin. Will jemand mit dir rechten und dir deinen Rock nehmen, so laß ihm auch den Mantel. Nötigt dich jemand, eine Meile weit mitzugehen, so geh zwei mit ihm. Wer dich bittet, dem gib; wer von dir borgen will, den weise nicht ab." (Matth. 5, 38-42)

Bevor auf diese utopischen Verhaltensmaßregeln eingegangen sei, blenden wir zurück in das Alte Testament, und zwar in jene Textstellen, auf die Jesu Rede hier Bezug nimmt. Der berühmte Rachespruch „Aug um Auge, Zahn um Zahn" (Ex. 21, 24) wird in der Regel aus dem Kontext gelöst. Liest man ihn aber im Kontext, so erscheint höchst fraglich, ob er im mosaischen Gesetz so gemeint ist, wie wir ihn auszulegen und zu verstehen gewohnt sind. Dort ist nämlich zunächst von zwei raufenden Männern die Rede, die während ihrer Schlägerei eine schwangere Frau stoßen, so daß eine Fehlgeburt eintritt. Für den Fall, daß die Frau alsdann stirbt, soll gelten: „Leben um Leben". Und dann folgt die berühmte Stelle: „Auge um Auge, Zahn um Zahn, Hand um Hand, Fuß um Fuß, Brandmal um Brandmal, Wunde um Wunde, Strieme um Strieme." (Ex. 21, 24-25)

Das aber ist nicht die einzige Stelle im Alten Testament, wo das Gesetz die Rache zuläßt und gebietet. Die andere steht im Buche Leviticus 24, 19-20, wo es heißt: „Wer seinem Nächsten einen Leibesschaden zufügt, dem soll man tun, wie er getan hat: Bruch um Bruch, Zahn um Zahn!

Derselbe Leibesschaden, den er einem andern zugefügt hat, soll ihm zugefügt werden."

Wie werden die Zuhörer des Bergpredigers gestaunt und aufgehorcht haben, als er ihnen im Anschluß an die ihnen vermutlich bekannten Gesetzestexte des Moses nun verkündete: „Leistet dem Bösen keinen Widerstand, sondern wenn dich jemand auf die rechte Wange schlägt, so halte ihm auch die andere hin." Das gleiche soll aber auch gelten für Raub und Nötigung aller Art. - Wer will das ernst nehmen, wenn er nicht ein Mahatma Gandhi ist und grundsätzlich friedlichen passiven Widerstand als Mittel politischer Durchsetzung propagiert? Vermutlich würde die Befolgung der hier verkündeten Maxime Jesu in Anarchie ausarten müssen. Wenn die Christen diesem Wort gemäß niemand Widerstand leisten, sich alles gefallen lassen würden, wären sie nicht bald das Opfer skrupelloser Ausbeuter und Verbrecher? Würde man sie nicht für trottelige Dummköpfe und geduldige Schafe halten müssen? Wie dem auch sei, eine Kirche, wie wir sie als römisches Imperium seit den Anfängen ihrer von Rom ausgehenden Macht- und Gewaltentfaltung kennen, würde bei Befolgung dieser Maxime ihres Lehrmeisters Jesus nie zustandegekommen sein. Die Christen wären als friedliche, gutmütige, ausnutzungswillige Trottel durch die Lande gezogen, sozusagen als Lasttiere und Packesel anderer Menschen, hätten nie auf einen grünen Zweig, nie zu Besitz und gesicherter Existenz kommen können und wohl keinen Stein auf den andern gebracht, um ihre Kirchen, Dome, Klöster und Kathedralen samt Bischofspalästen und Fürstbischofsschlössern errichten zu können.

Die Schriftstelle liefert einen Beweis mehr dafür, daß dieser Jesus, wie ihn die Bibel überliefert, nicht nur ein hoffnungsloser Utopist war, sondern auch nicht das Geringste mit dem zu tun hat, was sich später als seine, als die von ihm angeblich gestiftete Kirche aufgespielt hat und bis heute so versteht und bezeichnet.

Im übrigen: „Leistet dem Bösen keinen Widerstand!" Dieses Wort hat seine Bedeutung in einem ganz anderen Sinne erhalten, seitdem die Kirche selber das Böse vertritt, angefangen von ihren grauenhaften Missionspraktiken bis zur skrupellosen Beherrschung der eigenen Gläubigen und der nicht Glaubenswilligen. Das Böse in der Kirche und ihren Praktiken aufzuspüren, dürfte kein Kunststück sein. Karlheinz Deschner hat in seiner bis heute unwiderlegten und auch in Zukunft

unwiderlegbaren Kriminalgeschichte des Christentums in mehreren dik-
ken Bänden, die immer noch weiter anwachsen, eine solch erdrückende
Fülle von Material zusammengetragen, daß man sich nur mit Schaudern
von dieser angeblich heiligen Institution und ihren durch die Jahrhunderte hin praktizierten Ausrottungsstrategien abwenden kann. Bei all
diesen Verbrechen, die bis in die Gegenwart hineinreichen, hat sich die
Kirche dazu noch auf die Eingebung des von ihr erfundenen Heiligen
Geistes berufen.

Wer diese Zusammenhänge durch zwei Jahrtausende hindurch bis heute
durchschaut, wird gern zustimmen, wenn wir diese Predigt mit den
Worten beschließen: „Leistet dem Bösen jeglichen Widerstand!" Dem
Bösen nämlich, wie es die heuchlerische Kirche zu praktizieren pflegt. -
Amen.

Ihr sollt überhaupt nicht schwören

Matth. 5, 34

Der sich als Matthäus bezeichnende Verfasser des ersten Evangeliums referiert den Verlauf der sogenannten Bergpredigt Jesu. Darin gibt es eine längere Passage, die sich - wenn man so will - mit einer besonderen juristischen Frage beschäftigt, nämlich mit dem Eid oder Schwur. Der Eid ist von altersher eine feierliche Wahrheitsversicherung unter Anrufung Gottes, sozusagen als Zeugen für die Richtigkeit des Ausgesagten. Der allwissende Gott soll im Eid die Wahrheit des Ausgesagten bestätigen. Die Bedeutung einer derartigen Beteuerung gehört also zunächst in den Bereich der Moral und der Religion. Im alten Israel waren jedoch religiöse Gesetze gleichzeitig Staatsgesetze; denn der erste allgemeingültige und für das ganze Volk verbindliche Kodex war die Gesetzessammlung des Moses, niedergelegt in den Büchern Exodus, Leviticus und Numeri des sogenannten Alten Testaments.

Dort heißt es, was den Eid betrifft: „Ihr sollt nicht bei meinem Namen falsch schwören, so daß du den Namen deines Gottes entweihst. Ich bin Jahwe." (Lev. 19, 12) Und an anderer Stelle: „Wenn ein Mann Jahwe ein Gelübde macht oder einen Eid schwört, durch den er sich zu einer Enthaltung verpflichtet, so soll er sein Wort nicht brechen; genau so, wie er es ausgesprochen hat, soll er es tun." (Num. 30, 3) Im ersten Fall handelt es sich also um einen Eid im Sinne der feierlichen Wahrheitsbekräftigung, im zweiten um die nachdrückliche Versicherung eines vor Gott abgegebenen Versprechens.

Wenn wir dem Verfasser Matthäus glauben dürfen, hat Jesus diese altehrwürdigen Gesetzestexte kühn außer Kraft gesetzt, jedenfalls was seine Jünger und die Zuhörer der berühmt gewordenen und für alle Christen verbindlichen Bergpredigt betrifft. Was steht dort bei Matthäus geschrieben? Jesus soll gesagt haben: „Weiter habt ihr gehört, daß zu den Alten gesagt worden ist: Du sollst keinen Meineid schwören, und: du sollst halten, was du dem Herrn geschworen hast. Ich aber sage euch: Ihr sollt überhaupt nicht schwören, nicht beim Himmel, weil er der Thron Gottes ist, nicht bei der Erde, weil sie der Schemel seiner Füße ist, noch bei Jerusalem, weil es die Stadt des großen Königs ist. Auch bei deinem Haupte sollst du nicht schwören, weil du nicht ein einziges

Haar weiß oder schwarz machen kannst. Eure Rede sei vielmehr: Ja, ja -
nein, nein. Alles Weitere ist vom Übel." (Matth. 5, 33-37)

In einem anderen Kontext und zu späterer Zeit, nämlich nach seinem
Einzug in Jerusalem, soll Jesus während seiner Wehrufe über die Pharisäer zu diesen gesagt haben: „Weh euch, ihr blinden Führer! Wenn einer
beim Tempel schwört, so gilt das nicht; schwört er aber beim Golde des
Tempels, so ist er gebunden. Ihr Toren und Blinden, was steht denn höher: das Gold oder der Tempel, der das Gold erst heiligt? Ferner: Wenn
einer beim Altare schwört, so gilt das nicht; schwört er aber bei der Opfergabe, die darauf liegt, so ist er gebunden. Ihr Blinden, was steht höher: die Opfergabe oder der Altar, der die Opfergabe erst heiligt? Wer
demnach beim Altare schwört, der schwört bei diesem und bei allem,
was darauf liegt. Wer beim Tempel schwört, der schwört bei diesem und
bei dem, der darin wohnt. Wer beim Himmel schwört, der schwört bei
Gottes Thron und bei dem, der auf dem Throne sitzt." (Matt. 23, 16-22)
Kein Wort mehr in dieser Schimpfrede auf die Pharisäer davon, daß
man überhaupt nicht schwören soll; vielmehr geht es hier nur um die
Formulierung oder die Formel des Eides. Ist das aber nicht im Grunde
Haarspalterei, ob nun beim Tempel oder beim Golde des Tempels, beim
Altar oder beim - übrigens blutigen- Schlachtopfer des Altares geschworen wird? Gemeint ist im einem wie im anderen Fall der Schwur vor
Gott, der angeblich im Tempel wohnt, und vor dem Altar, der Gott ge-
weiht ist. Jedenfalls liegt hier ein offensichtlicher und auffallender Widerspruch zu dem Text der Bergpredigt des gleichen Verfassers vor, wie
ja überhaupt Jesu Reden, wie sie im Neuen Testament überliefert werden, voller Widersprüche stecken.

Dann gibt es da noch eine Stelle in den Schlußermahnungen des Jako-
busbriefes, die wieder mit der Bergpredigt übereinstimmt. Wir lesen
dort: „Vor allem, meine Brüder, schwört nicht, weder beim Himmel
noch bei der Erde, noch sonst einen Eid. Euer Ja sei ein Ja, euer Nein
ein Nein! Sonst verfallt ihr dem Gericht." (Jak. 5, 12) Hier wird also
noch eine finstere Drohung angefügt, die sich im betreffenden Text der
Bergpredigt nicht findet.

Wer war übrigens dieser Jakobus mit dem Beinamen „der Jüngere"?
Nach kirchlicher Überlieferung war sein Vater ein gewisser Alphäus
(laut Matth. 10, 3), seine Mutter eine Maria (laut Matth. 27 ,56), die bei
der Kreuzigung Jesu zugegen gewesen sein soll, eine Schwester oder -

wie die Kirche behauptet - eine Verwandte der Mutter Jesu und demnach mit Jesus verwandt, was dann auch auf Jakobus zuträfe. Paulus bezeichnet ihn gar als „Bruder des Herrn" (Gal. 1, 19), den er selbst noch gesehen haben will, der ihm als eine Säule der Kirche galt. Jakobus soll der erste Bischof von Jerusalem gewesen und um das Jahr 62 einem Volksauflauf zum Opfer gefallen sein. Sein Brief soll um das Jahr 48 geschrieben worden sein und damit zu den ältesten Schriften des Neuen Testaments gehören, was allerdings neuere Forschungen keineswegs bestätigen. Bei der höchst undurchsichtigen Verfasserfrage nach den verschiedenen neutestamentlichen Überlieferungen wollen wir uns aber nicht aufhalten. Jedenfalls machte der Autor des Jakobibriefes - ob nun als Apostel oder Bischof oder als Usurpator - unbekümmert Gebrauch von dem dreifach bezeugten Binde- und Lösemittel (vgl. Matth. 16, 19; 18, 18; Joh. 20, 23), wenn er die Schwörenden auf das Gericht festnagelte.

Wie wenig sich die Christen an Jesu angebliches Verbot jeglichen Schwurs und die damit verknüpfte ewige Strafandrohung des Jakobus bis heute gehalten haben, zeigt ein Blick in unsere geltende Zivil- und Strafprozeßordnung. Dafür nur ein paar Beispiele. § 391 ZPO 1 schreibt vor: „Ein Zeuge ist ... zu beeidigen, wenn das Gericht dies mit Rücksicht auf die Bedeutung der Aussage oder zur Herbeiführung einer wahrheitsgemäßen Aussage für geboten erachtet und die Parteien auf die Beeidigung nicht verzichten." In § 66 c der Strafprozeßordnung ist die Eidesformel wörtlich vorgeschrieben. Dort wird bestimmt: „(1) Der Eid mit religiöser Beteuerung wird in der Weise geleistet, daß der Richter an den Zeugen die Worte richtet: 'Sie schwören bei Gott dem Allmächtigen und Allwissenden, daß Sie nach bestem Wissen die reine Wahrheit gesagt und nichts verschwiegen haben' und der Zeuge hierauf die Worte spricht: 'Ich schwöre es, so wahr mir Gott helfe.' (2) Der Eid ohne religiöse Beteuerung wird in der Weise geleistet, daß der Richter an den Zeugen die Worte richtet: 'Sie schwören, daß Sie nach bestem Wissen die reine Wahrheit gesagt und nichts verschwiegen haben' und der Zeuge hierauf die Worte spricht: 'Ich schwöre es'... (4) Der Zeuge soll bei der Eidesleistung die rechte Hand erheben." - Die Vereidigung von Beamten, Ministern, Parlamentariern und anderen staatlichen Funktionären gehört zur alltäglichen Praxis unseres laut Präambel des Grundgesetzes christlich orientierten Staates; denn mit dem dort instal-

lierten Gott wird kaum Allah oder irgendeine heidnische Gottheit gemeint sein können.

Angesichts dieser Tatsachen ist festzustellen, daß Jesu Anordnung „Ihr
sollt überhaupt nicht schwören" (Matth. 5, 34) und die damit verknüpfte
ewige Strafandrohung des Jakobus: „sonst verfallt ihr dem Gericht"
(Jak. 5, 12) zur Farce geworden und zur völligen Bedeutungslosigkeit
herabgesunken ist. Wie konnte es dazu kommen?

Im Frühchristentum wurde die Zulässigkeit des Eides - auch von einzelnen Kirchenvätern - vielfach unter Bezugnahme auf die angeblichen
Aussprüche Jesu bestritten. Dann aber setzte sich das praktische Be-
dürfnis durch, so daß auch Synoden und Bischöfe den Eid nicht nur er-
laubten, sondern sogar forderten, der übrigens auch bei Griechen und
Römern üblich gewesen und im römischen Recht in hohem Grade
durchgebildet worden war. Mit anderen Worten: die Christen logen wie
die Heiden und mußten durch Eid zur Räson gebracht werden.

In Deutschland verdrängte der Eid, was sicher zu begrüßen ist, allmäh-
lich die bis dahin üblichen Gottesgerichte, Akte reiner Willkür und
Brutalität. Noch im Mittelalter verweigerten Katharer und Waldenser
standhaft jeden Eid wie später im Reformationsjahrhundert die Ana-
baptisten und die aus ihnen hervorgegangenen Mennoniten. Die Gesetz-
gebung hat dann aber allgemein die Eidesleistung als höchstes Bestär-
kungsmittel eines Versprechens und als heiligste Versicherung der
Wahrheit einer Aussage in ihren Bereich aufgenommen und die Verlet-
zung der Eidespflicht - in diametralem Widerspruch zu Jakobus - als ein
Verbrechen behandelt und mit schwerer Strafe bedroht. So ist es bis
heute geblieben.

Der Utopist Jesus und die fragwürdigen Gestalten evangelischer Verkündigung stehen damit wieder einmal auf verlorenem Posten; niemand
nimmt ihre Eidesverbote und die damit verbundenen Strafandrohungen
mehr ernst. Die Verkündigung wurde auch hier als unpraktikabel, le-
bensfremd und lästig übergangen. Das bloße „Ja, ja" oder „Nein, nein"
genügt nicht, um Leute von der Lüge, von falschen Aussagen abzu-
schrecken, man bedarf des Drohmittels „Gott" oder einer höheren, ir-
gendwie als absolut gedachten Norm, die man allem Sagen, Tun und
Handeln überstülpen muß, um die Menschen unter Kuratel zu halten.
Was schert die Christen da noch ein Jesus oder Jakobus. Sie mögen sa-

gen, was sie wollen. Kirche und Staat tun, was sie selbst für richtig halten. - Amen.

Sammelt euch nicht Schätze auf Erden

Matth. 6, 19

Nach Matthäus gehört diese Anweisung zur sogenannten Bergpredigt. Nachdem sich Jesus über das Fasten geäußert hatte, soll er gesagt haben: „Sammelt euch nicht Schätze auf Erden, wo Motten und Rost sie vernichten, wo Diebe einbrechen und stehlen. Sammelt euch Schätze im Himmel, wo weder Motten noch Rost sie vernichten, wo keine Diebe einbrechen und stehlen. Denn wo dein Schatz ist, da ist auch dein Herz." (Matth. 6, 19-21)

Was soll das besagen? Genau betrachtet, also wörtlich genommen, wird hier weniger an die Frömmigkeit oder Gläubigkeit der Zuhörer appelliert als vielmehr an ihre Besitzsucht und Besitzsicherung. Es sollen Schätze gesammelt werden, die vor Zerfall und Zugriff sicher sind. Das ist ein Appell an die Eigensucht, an das Besitzstreben des Menschen. Man kann daraus nicht ableiten, Jesus habe irdischen Besitz überhaupt abgelehnt oder verboten, er hat ihn nur aus damaliger Sicht für zu unsicher gehalten, als daß es sich lohnen könnte, danach zu streben und diesen irdischen Besitz anzuhäufen. Die Begründung für dieses Abraten klingt recht oberflächlich und vordergründig. Hätte er gesagt: „Wenn ihr sterbt, könnt ihr nichts mitnehmen; denn das Totenhemd hat keine Taschen. Sorgt vielmehr für die Anhäufung ewiger Güter, die euch über den Tod hinaus im Himmel zur Verfügung stehen werden", so wäre das etwas anderes. Jesus stellt jedoch nicht auf die Vergänglichkeit aller Güter dieses Lebens angesichts des Todes ab, sondern auf ihren Verfall und ihre Bedrohung während des Lebens.

Lukas referiert ein ähnliches Jesus-Wort, das er wiederum in eine spätere Zeit verlegt, nämlich auf die Wanderung Jesu nach Jerusalem. Hier äußert sich Jesus radikaler; denn Lukas legt ihm in den Mund: „Verkauft, was ihr habt, und gebt davon Almosen. Verschafft euch Beutel, die nicht veralten, einen unvergänglichen Schatz im Himmel, an den kein Dieb herankommt und den keine Motte zerstört. Denn wo euer Schatz ist, da ist auch euer Herz." (Luk. 12, 32-34)

Auch hier herrscht der Gedanke an die Besitzgier vor; das Herz des Menschen hängt am Besitz, am „Schatz". Materialismus also in Reinkultur. Dennoch ist auch dieser Text schillernd und nicht ohne weiteres eindeutig interpretierbar. Nicht um Gottes oder des Himmels oder der eigenen Seligkeit willen werden hier Armut und Almosen empfohlen oder verlangt, sondern unter Hinweis auf die Anfälligkeit und Wertlosigkeit alles irdischen Plunders. Jesus bietet etwas Besseres an, etwas vorgeblich Besseres, den Schatz im Himmel, der unvergänglich sein soll. Der vergängliche, von Motten und Rost auffreßbare, durch Diebe gefährdete Kram soll dagegen verkauft und der Erlös als Almosen gegeben werden. Kann man daraus eine versteckte Diffamierung der Armen und Bedürftigen lesen, die mit verrottbaren irdischen Gütern abgespeist werden sollen?

Die Kirche, die sich in längst gewohnter Überheblichkeit als Braut Christi bezeichnet, der Papst, der sich als Stellvertreter Gottes auf Erden aufgeworfen hat, haben sie keine irdischen Schätze gesammelt? Die Kirche ist das reichste Unternehmen weltweit. In ihrer fast zweitausendjährigen Geschichte hat sie ungeheure Besitztümer an Land, an Gebäuden, an Produktionsunternehmen, an Aktien angesammelt, an denen weder Rost noch Motten fressen können, vor denen Diebe ohnmächtig stehen, abgesehen von einzelnen Einbrüchen in Kirchen und Kapellen, die keinem weh tun. Die Verwirklichung des weltweiten Kirchenimperiums hat den über irdische Schätze, Rost und Motten und Diebe predigenden Jesus längst als naiven Tölpel entlarvt. - Amen.

Ein Reicher wird nur schwer ins Himmelreich eingehen

Matth. 19, 23

Auf seinem Wege von Galiläa nach Jerusalem soll Jesus den bis heute anstößig gebliebenen Ausspruch getan haben, wie er zum Beispiel bei Matthäus berichtet wird. Wie sieht der Kontext aus? Jesus hatte sich soeben kinderfreundlich geäußert, die Kleinen, die seine Jünger abwimmeln wollten, zu sich gelassen und seinen Gefolgsleuten die Belehrung erteilt: „denn für solche ist das Himmelreich". Dann legte er ihnen die Hände auf und zog weiter. (Matth. 19, 13-15) Und nun kommt sozusagen das Kontrastprogramm. Ein reicher junger Mann nähert sich und fragt Jesus: „Meister, was muß ich Gutes tun, um das ewige Leben zu erlangen?" (Matth. 19, 16) Offenbar dachte er sich das ewige Leben erkaufen zu können. Da erhält er zur Antwort: „Willst du zum Leben eingehen, so halte die Gebote." Der Mann stellt sich dumm und fragt weiter: „Welche?" Als Jesus ihm die längst bekannten Gebote aufzählt, behauptet der junge Mann, das alles habe er seit eh und je beachtet; was fehle ihm noch? Vielleicht hatte er erwartet, damit werde sich Jesus zufrieden geben und ihm das ewige Leben verheißen. Aber es kommt anders. Es folgt eine harte Probe, die der junge Mann nicht besteht; denn er muß hören: „Willst du vollkommen sein, so geh hin, verkaufe, was du hast, und gib den Erlös den Armen, so wirst du einen Schatz im Himmel haben. Dann komm, und folge mir nach." Das saß. Betrübt und enttäuscht ging der junge Mann zu seinen Gütern und behielt sie. (Matth. 19, 17-23)

Und nun wendet sich Jesus an seine Jünger und sagt ihnen: „Wahrlich, ich sage euch, ein Reicher wird nur schwer ins Himmelreich eingehen. Noch einmal sage ich euch: Leichter geht ein Kamel durch ein Nadelöhr als ein Reicher in das Gottesreich." (Matth. 19, 23-24) Bestürzt fragen ihn daraufhin die Jünger: „Wer kann dann gerettet werden?" Und nun relativiert der Meister seine Aussage, so daß im Grunde nichts mehr übrig bleibt, indem er orakelt: „Bei Menschen ist es unmöglich, aber bei Gott ist alles möglich." (Matth. 19, 25-26) Das ist Theologie! Mit Gott kann man alles drehen und wenden, wie man will, und man braucht sich dabei nicht einmal festzulegen.

Im übrigen zeigt die folgende Szene, wie der auf irdischen Reichtum Verzichtende dies nur tut, um einen desto größeren und unvergänglicheren Schatz im Jenseits zu erlangen. Petrus nämlich tritt jetzt als Spekulant auf und sagt: „Wir haben alles verlassen und sind dir nachgefolgt. Was wird uns dafür zuteil werden?" Und Jesus verheißt ihm, daß sie alle, die ihm nachgefolgt sind, bei der Welterneuerung, wenn der Menschensohn auf dem Thron seiner Herrlichkeit sitzen wird, ebenfalls auf zwölf Thronen sitzen und die zwölf Stämme Israels richten werden. Und jeder andere, der ebenfalls um Jesu Namens willen Haus, Bruder, Schwester, Vater, Mutter, Frau, Kind und Acker verläßt, werde das Hundertfache dafür empfangen und das ewige Leben erben. (Matth. 19, 27-29)

Wenn übrigens immer wieder behauptet wird, der Zölibat lasse sich aus den biblischen Schriften nicht ableiten, so ist das nicht recht verständlich. Was fordert Jesus hier anderes als den Zölibat, und er verknüpft diese Forderung mit dem Versprechen einer hohen Belohnung. Was allerdings die himmlischen Throne betrifft, so haben die Apostelnachfolger, Päpste und Bischöfe, sie auf die Erde herabzuholen und sich in Prunk und Reichtum daraufzusetzen gewußt. Man denke zum Beispiel an die ungeheuren Reichtümer, die Eugenio Pacelli, Papst Pius XII., seinen Neffen hinterließ, und in denen er bis dahin als regierender Staatsmann der Kirche schwelgen konnte. Aber, wie schon Jesus sagte: „Bei Gott ist alles möglich." (Matth. 19, 26)

Bei Markus (10, 13-31) wird der Ablauf der Szenerie nochmals berichtet. Auch dort läßt Gott das Kamel schließlich durch das Nadelöhr wandern. Zwar läßt Matthäus seinen Herrn Jesus sagen: „Ihr könnt nicht Gott dienen und dem Mammon." (Matth. 6, 24) und Lukas läßt ihn die Reichen abkanzeln: „Aber weh euch, ihr Reichen! Ihr habt schon euren Trost." (Luk. 6, 24) Doch die Nachfolger der Jünger und Apostel, die Päpste, Bischöfe und Pfaffen, wissen die Sache so zu drehen und zu deuten, daß sie nicht dem Mammon dienen, sondern daß der Mammon Gott dient, wenn sie ihn einsammeln, horten, verwalten und gebrauchen. Zwar wußte Paulus in seinem ersten Brief an seinen Begleiter und Weggenossen Timotheus zu sagen: „Wer reich werden will, gerät in Versuchung, in Fallstricke des Teufels und in viele törichte und schädliche Begierden, die die Menschen in Verderben und Untergang stürzen. Denn die Geldgier ist die Wurzel aller Übel", (1 Tim. 6, 9-10) aber auch das hat die Amtsträger der Kirche niemals davon abzuhalten vermocht, Reichtümer anzuhäufen, und zwar nicht nur legal, sondern auch illegal und kriminell erworbene. Hier sei nur an die ungeheuren Reichtümer erinnert, die die heilige Inquisition von den von ihr gemarterten und hingerichteten unglücklichen und unschuldigen Menschen zu konfiszieren sich nicht scheute, von den durch gewaltsame Missionierung eingetriebenen Gütern gar nicht zu sprechen. Auch die ständige Bereicherung durch die über den Staat eingetriebenen Kirchensteuern hat das Evangelium nicht zu verhindern vermocht; denn „bei Gott ist alles möglich". (Matth. 19, 26; Mark. 10. 27)

Besonders Jakobus, angeblich ein Verwandter der Mutter Jesu, nach anderer Überlieferung ein Halbbruder Jesu aus einer früheren Ehe des Pflegevaters Joseph, hat über die Reichen losgewettert: „Wohlan, ihr Reichen, weint und wehklagt über die Drangsale, die über euch kommen! Euer Reichtum vermodert! Eure Gewänder werden von Motten zerfressen! Euer Gold und Silber verrostet! Ihr Rost wird gegen euch zeugen und wie Feuer euer Fleisch verzehren. ...Ihr habt auf Erden geschwelgt und gepraßt und euch noch am Schlachttage gemästet. Ihr habt den Gerechten verurteilt und gemordet." (Jak. 5, 1-6)

Eine wahrhaft prophetische Rede, wenn man an die jahrtausendealte Praxis der Kirche bei Missionierung, Inquisition und Ketzerverfolgung denkt. Aber „bei Gott ist alles möglich!" - Amen.

Macht euch Freunde mit dem ungerechten Mammon

Luk. 16, 9

Wieviele Theologen haben nicht schon diesen bemerkenswerten Ausspruch Jesu, wie er von Lukas überliefert wird, ins Positive, ins Vertretbare, ja ins Ethische umzudeuten versucht. Von diesen theologischen Theoretikern abgesehen, wurde dieses Wort von der Kirche seit eh und je unbedenklich in die Praxis umgesetzt. Der Mammon, auch der ungerechte, wurde von ihr nie verschmäht, fasse man ihn nun in der uns gewöhnlichen Bedeutung als Reichtum, als Geldansammlung auf oder in symbolischer als den punischen Götzen des Reichtums. Dieses Jesu-Wort des Lukas hat sich darum in der Kirche und bei ihren Gläubigen besser durchzusetzen gewußt als der von Matthäus überlieferte Ausspruch Jesu: „Ihr könnt nicht Gott dienen und dem Mammon." (Matth. 6, 24) Bedeutungsvoll ist auch hier zunächst der Zusammenhang im Text des Lukas. Jesus berichtet seinen Jüngern von einem reichen Mann, der seinen Verwalter entlassen wollte, weil dieser angeschuldigt worden war, sein Vermögen zu vergeuden. Der Rechenschaftsbericht des Beschuldigten ergab offensichtlich die Richtigkeit der gegen ihn erhobenen Vorwürfe, und mit der Androhung der Kündigung sollte Ernst gemacht werden. Arbeitslosengelder und Versicherungen gab es noch nicht, und da der Verwalter sich weder zu körperlicher Arbeit in der Lage sah noch als Bettler umherziehen wollte, weil er sich schämte, suchte er sich durch einen erneuten Betrug zu retten. Er ließ die Schuldner seines Arbeitgebers einzeln kommen und setzte ihre Schuldscheine herab, um sie sich zu verpflichten. So wurden statt hundert Krügen Öl nur noch fünfzig auf die neu ausgestellten gefälschten ·Schuldscheine geschrieben, statt hundert Malter Weizen nur noch achtzig und so weiter. Die Sache fiel auf, aber statt den Arbeitgeber erneut zu erzürnen, überzeugte sie ihn von der „Klugheit" des Verwalters. Man würde wohl besser sagen: von seiner betrügerischen Gerissenheit und Geschäftstüchtigkeit, von seinem schlitzohrigen und schurkischen Ränkespiel, noch besser gesagt: von seiner Diplomatie; denn die Schuldner, die er zu Mitbetrügern machte, schuldeten nicht nur ihm Dank, sondern sich selbst gegenüber dem Betrogenen Stillschweigen. Sie waren erpreßbar geworden. Eine durch und durch üble Geschichte also.

Der reiche Mann war abgebrühter und abgefeimter Geschäftsmann genug, diese Raffinesse höher zu veranschlagen als den Schaden, der ihm
durch den Betrug des Verwalters entstanden war, und er behielt ihn in
seinen Diensten; nicht etwa, weil er den Betrug gebilligt hätte, sondern
die Schlauheit, mit der dieser mehrfache Betrug ausgeführt worden war,
und um sich dieser Methoden des mit allen Wassern gewaschenen Verwalters in Zukunft zu seinem eigenen Vorteil zu versichern. Das ist
morgenländisches Denken, wie wir es wohl nur schwer nachvollziehen
können.

Daran knüpft Jesus - laut Lukas - die Feststellung: „Sind doch die Kinder dieser Welt unter ihresgleichen klüger als die Kinder des Lichtes."
(Luk. 16, 1-8) An anderer Stelle hatte Jesus die Seinigen wiederholt mit
Schafen verglichen, so in Matth. 10, 6, wo er von den verlorenen Schafen des Hauses Israel spricht, in Matth. 15, 24, wo er behauptet hatte:
„Ich bin nur zu den verlorenen Schafen des Hauses Israel gesandt", im
Widerspruch dazu wieder in Joh. 10, 16, wo er behauptet: „Ich gebe
mein Leben für meine Schafe. Ich habe noch andere Schafe, die nicht
aus dieser Hürde sind", in Joh. 21, 17, wo Petrus von Jesus dreimal auf-
gefordert wird: „Weide meine Schafe!" (alias Lämmer) Auch Paulus
nennt Jesus „den erhabenen Hirten der Schafe" (Hebr. 13, 20), und
Petrus sagt zu seinen Gläubigen: „Irrenden Schafen wart ihr gleich." (1
Petr. 2, 25)

Bei Lukas jedoch schärft der Herr Jesus seinen Jüngern ein, daß die
Schafsköpfigkeit sich nicht auszahlt, sondern gibt ihnen die Weisung:
„Auch ich sage euch: Macht euch Freunde mit dem ungerechten Mammon, damit sie euch, wenn es einmal zu Ende geht, in die ewigen Wohnungen aufnehmen." Eine dunkle Rede! „Auch ich", so beginnt sie, und
damit identifiziert sich Jesus offensichtlich mit jenem betrügerischen
Verwalter. Mit wem sonst? Man könnte auch sagen: mit seinem Arbeitgeber, der diese angebliche Klugheit, also die betrügerische Gerissenheit, billigt. Aber das macht keinen Unterschied. Nur, wer nimmt in
welche ewigen Wohnungen auf? Die Sache wird auch nicht klarer in der
allgemeinen Bibelübersetzung des Verlages Herder von 1965, wo es
heißt: „damit man euch, wenn er zu Ende geht, in die ewigen Zelte aufnimmt." Wenn also der Reichtum zu Ende geht? Das ist noch verworre-
ner. Luthers (überarbeitete) Übersetzung von 1889 wendet die Sache so:
„Machet euch Freunde mit dem ungerechten Mammon, auf daß, wenn

ihr nun darbet, sie euch aufnehmen in die ewigen Hütten." Fragen wir schließlich die Ausgabe der Vulgata von 1872, die (wohl unverändert) auf den heiligen Hieronymus (etwa 347 bis 419) zurückgeht, also eine der ältesten Bibelübersetzungen. Dort steht geschrieben: „Et ego vobis dico: Facite vobis amicos de mammona iniquitatis, ut, cum defeceritis, recipiant vos in aeterna tabernacula", was man bei den schillernden Bedeutungen verschiedener lateinischer Wörter etwa so übersetzen kann: „Und ich sage euch: Macht euch zu Freunden des unbilligen Mammons, damit, wenn ihr dahinsinket, sie euch in die ewigen Zelte aufnehmen." Der Mammon also oder dessen Vertreter sollen die Jünger in die ewigen Zelte aufnehmen? Verleiht betrügerisch erworbener Reichtum ewige Seligkeit, ewige Sicherheit, ewiges Geborgensein? Kann man die Reichtümer nach jenseits mitnehmen?

Flugs knüpft Jesus laut Lukas einen anderen, einen völlig neuen Gedanken an: „Wer im Kleinsten treu ist, der ist auch im Großen treu; wer im Kleinsten untreu ist, der ist auch im Großen untreu." (Luk. 16, 10) So weit, so gut. Aber es geht verwirrend weiter: „Wenn ihr den ungerechten Mammon nicht treu verwaltet, wer wird euch dann das wahre Gut anvertrauen? Und wenn ihr das fremde Gut nicht treu verwaltet, wer wird euch dann geben, was euer ist?" (Luk. 16, 12) Davon war ja nun im Gleichnis überhaupt keine Rede. Hier wurde nicht „ungerechter Mammon" treu verwaltet, sondern anvertrautes Gut veruntreut, und das fand nach nochmaliger Veruntreuung Anerkennung und Lob. Nun aber sollen die Jünger ungerechten Mammon, also zu unrecht erworbene Reichtümer, treu verwalten. Genau das hat sich die Kirche zur Maxime gemacht, die die Menschen mit Gewalt beraubt oder durch ihre Lügenmärchen über Himmelsversprechungen und Höllenstrafen betrogen und sich an allem bereichert hat. Für sich hat sie diese Reichtümer treu verwaltet, sie in Grund und Boden, in Zwingburgen und andere Bauten, in Aktien und Produktionsstätten mit Zinsen und Zinseszins angelegt. Sie hat sich befreundet mit dem ungerechten Mammon, hat ihn Gott und seinen Zwecken zugeführt, und dafür erwarten ihre Verwalter den Einzug in die ewigen Wohnungen, das himmlische Leben. Die Rede Jesu geht bei Lukas aber noch weiter und gipfelt in dem gegen alles vorige widersprüchlichen Bonmot: „Ihr könnt nicht Gott dienen und dem Mammon." (Luk. 16, 13) Nun also doch wieder nicht? Unmittelbar vorher hieß es doch noch ganz anders: da wurden die ewigen Zelte in Aussicht gestellt als Lohn für die Freundschaft mit dem ungerechten Mam-

mon. Jetzt plötzlich steht Gott dem entgegen? Niemand nämlich, so
weiß Jesus unmittelbar vorher zu sagen, könne zwei Herren dienen. Hier
schließen sich Gott und Mammon gegenseitig völlig aus als miteinander
unvereinbare Gegensätze.

Das ganze, so bleibt als Fazit übrig, ist ein rätselvolles, ein unglaubli-
ches Verwirrspiel, das nur eingefuchste Theologen so aufzudröseln verstehen, daß sie aus den Teilen wieder neue Versatzstücke zusammen-
flicken und ihren staunenden Gläubigen als neugeschneiderte Maximen
präsentieren. Man sieht wieder: mit der Bibel läßt sich alles und nichts
beweisen, besser gesagt: es läßt sich immer auch das diametrale Gegenteil belegen. Damit liefert sie selbst die Basis für das unausgesetzte
Winkelspiel und die Heuchelei christlicher Theologen und ihrer Gläubigen, die Unglaubwürdigkeit des Christentums überhaupt. - Amen.

Denn wer hat, dem wird gegeben

Matth. 13, 12

Vordergründig und aus dem Zusammenhang genommen, wird dieses Wort Jesu meist auf materielle Güter bezogen und damit als Bestätigung einer oft zutreffenden Lebenserfahrung angesehen. Im Kontext ist aber etwas völlig anderes gemeint; es ist von den himmlischen Gütern und Gnaden die Rede, nach denen viele Menschen - und so auch die Jünger Jesu - lechzen.

Jesus hatte das bekannte Gleichnis vom Sämann vorgetragen, von den Samen, die auf verschiedenen Grund fielen. Das übrigens geschah am Ufer eines Sees, viel Volk drängte sich herzu, Jesus bestieg ein Boot, ließ sich darin nieder und redete zu dem am Ufer stehenden Volk. (Matth. 13, 1-3) Nach Beendigung des kurzen gleichnishaften Vortrags traten die Jünger an das Ufer und fragten ihren Meister: „Warum redest du in Gleichnissen zu ihnen?" Und nun folgt aus Jesu Munde eine handfeste Diskriminierung der um ihn versammelten Volksmassen; denn er gibt seinen Jüngern zur Antwort: „Euch ist es gegeben, die Geheimnisse des Himmelreiches zu verstehen. Jenen aber ist es nicht gegeben. Denn wer hat, dem wird gegeben, und er wird im Überfluß haben; wer aber nicht hat, dem wird noch genommen, was er hat. Darum rede ich zu ihnen in Gleichnissen, weil sie mit offenen Augen nicht sehen und mit offenen Ohren nicht hören und nicht verstehen." (Matth. 13, 11-13) Bei dieser minderwertigen und verwerflichen Pädagogik oder Andragogik beruft sich Jesus auf eine Weissagung des dubiosen Isaias, der gesagt haben soll:

> *„Hören sollt ihr und doch nicht verstehen,*
>
> *Sehen sollt ihr und doch nicht sehen,*
>
> *Verstockt ist das Herz des Volkes.*
>
> *Seine Ohren sind taub,*
>
> *Seine Augen geschlossen.*
>
> *Mit den Augen will es nicht sehen,*
>
> *Mit den Ohren nicht hören,*

Mit dem Herzen nicht verstehen noch sich bekehren,
Daß ich es heile.“ (Matth. 13, 14-15)

Jesus diffamiert also die um ihn versammelten Volksscharen als verstockt; obwohl sie zu ihm geeilt sind, um ihn zu hören, behauptet er mit Isaias (Is. 6, 9-10) von ihnen, daß sie weder hören noch sehen wollen. Das ist eine Begründung für das Reden in Gleichnissen? Warum jagt er sie denn nicht gleich zum Teufel? Freilich tut er es im Grunde ja auch, indem er verkündet, daß ihnen noch genommen werden soll, was sie haben, während seine Jünger, die nach seiner und ihrer Auffassung schon besitzen, noch mehr erhalten werden, bis sie im Überfluß leben.

Hören wir aber, bevor wir in unseren Schriftzitaten und daran geknüpften Überlegungen und Folgerungen fortfahren, zunächst die Deutung katholischer Theologen, die - sich auf diese Schriftstelle beziehend - sagen: „Dem jüdischen Volk wird wegen seiner geringen Heilsbegierde die klare Lehre vom Himmelreich versagt, während die Jünger wegen ihrer Gelehrigkeit und ihres Heilsverlangens offener Belehrung und der Erklärung der Gleichnisse gewürdigt werden.“ Der Zynismus dieser theologischen Deutungen ist kaum mehr zu überbieten und liegt ganz auf der Linie des zweitausendjährigen christlichen Antisemitismus. Rechtfertigung übrigens auch für die jahrhundertealte Praxis, den Juden auch das noch zu nehmen, was sie haben. Die Juden wußten sich dagegen klug zu wehren und den internationalen jüdischen Kapitalismus aufzubauen und auszubauen. Macht und Einfluß des bei den Christen so verhaßten und gefürchteten internationalen Judentums wurden ebenso vom Christentum provoziert und produziert wie später der internationale Kommunismus, hervorgegangen aus der Auflehnung der arm- und dummgehaltenen sozial Unterprivilegierten, denen das wenige noch genommen wurde, was sie hatten!

Die Infamie des Jesus von Nazareth gegen seine jüdischen Landsleute wird bei Markus noch deutlicher überliefert. Dort wird auch das Gleichnis vom Sämann erzählt, aber hier stellen die Jünger nicht die indirekte, sondern die direkte Frage nach dem Sinn des Gleichnisses, aber erst, als sie mit ihrem Meister allein sind. (Mark. 4, 10) Die Antwort Jesu setzt von vornherein zwei Klassen von Menschen, und zwar nach göttlicher Vorsehung und Vorbestimmung; denn er sagt: „Euch ist das Geheimnis des Reiches Gottes anvertraut. Den Außenstehenden wird alles nur in Gleichnissen dargeboten. Sie sollen sehen und doch nicht sehen, hören und doch nicht verstehen, damit sie sich nicht etwa bekehren und Vergebung finden." (Mark. 4, 11-12) Diese Infamie des Jesus ist allerdings kaum noch zu überbieten, aber ist würdig den Machenschaften seines göttlichen Vaters im Himmel, Jahwe, der schon das Herz des Pharao in Ägypten verstockte, um grausame Blutgerichte über das ägyptische Volk hereinbrechen lassen zu können.

Die Absurdität der Szene liegt schon darin beschlossen, daß auch die Jünger selber - ebenso wie die Juden - das Gleichnis vom Sämann nicht verstanden haben und es sich von Jesus entschlüsseln und erläutern lassen müssen, sich also insofern von den Juden, dem Volk, nicht im mindesten unterscheiden. Wo liegt da noch die Berechtigung, einen Unterschied zwischen ihnen und den Juden zu machen? Ungeachtet dessen erläutern die Theologen in ihrem Hochmut: „Während die empfänglichen Jünger durch die Gleichnisse das Geheimnis, d.h. die höheren Wahrheiten vom Reiche Gottes erkennen, bleiben sie den Unempfänglichen aus eigener Schuld bloße Worte, die sie nicht verstehen." Aus eigener Schuld? Das ist schon wieder eine infame Diffamierung. Wo soll noch die „eigene Schuld" liegen, wenn Jesus ausdrücklich sagt: „Sie sollen sehen und doch nicht sehen, hören und doch nicht verstehen, damit sie sich nicht etwa bekehren und Vergebung finden." (Mark. 4, 12) Entweder hat Jesus seine Gleichnisse von vornherein gewollt unverständlich angelegt, damit die Juden sie nicht verstehen konnten und sollten, oder er hat - aus theologischer Sicht - in seiner göttlichen Allmacht ihre Sinne geblendet, ihr Verständnis umnebelt. In jedem Fall ist dafür er oder sein Gott verantwortlich, aber von einer Schuld seiner Zuhörer kann unter keinen Umständen die Rede sein.

Wir haben aber in diesem biblischen Paradigma die Grundeinstellung für theologischen Hochmut, für die Selbstgerechtigkeit der christlichen Priesterkaste und die generelle Diffamierung und Verfemung der Juden und Nichtchristen zu erblicken, die Diskriminierung aller Menschen, die die Erwählten nicht zu den ihrigen zählen.

Eine dritte Variante des Gleichnisses vom Sämann bietet Lukas. Auch hier verstehen die Jünger selber das Gleichnis nicht und fragen den Erzähler, was es bedeute. Sie erhalten zur Antwort: „Euch ist es gegeben, die Geheimnisse des Reiches Gottes zu verstehen. Den andern werden sie in Gleichnissen dargeboten, damit sie sehen und doch nicht sehen, hören und doch nicht verstehen." (Luk. 8, 9-10)

Aber die Jünger verstehen selber nicht; nur wird ihnen der Vorzug zuteil, daß sie die Entschlüsselung erhalten, die Deutung. Auch hierzu wieder gibt es eine von theologischem Hochmut diktierte Kommentierung, die wörtlich wiedergegeben sei: „Den heilswilligen Jüngern ist es vergönnt, in den Kern der Lehre Jesu tiefer einzudringen; die Pharisäer und ihr Anhang müssen sich mit der Schale begnügen." Die Pharisäer waren aber in der Szene am See weit und breit nicht zu sehen, es stand nur heilsbegieriges Volk herum. Somit haben wir es bei allen drei zitierten Kommentierungen zu den Texten mit theologischer Verlogenheit und wissentlich falscher Umdeutung zu tun.

Kommen wir zum Ausgangsdenken zurück: „Denn wer hat, dem wird gegeben, und er wird im Überfluß haben; wer aber nicht hat, dem wird noch genommen, was er hat." (Matth. 13, 12) Dieses Wort Jesu ist nach allem, was der Text und seine Kommentierung bis jetzt hergab, einzig auf die Jünger Jesu und ihre Nachfolger, die Priester der Kirche zu beziehen. Und es ist in der Praxis der Kirche nur ein kleiner Schritt von der angeblich inneren Bereicherung zur äußeren gewesen. Dieser Schritt, ob klein oder groß, wurde schon zu Kaiser Konstantins Zeiten getan. Seither ist es die Praxis der Kirche, dafür zu sorgen, daß ihr mehr und mehr gegeben wird bis zum Überfluß und möglichst über den Überfluß hinaus. Allen andern aber wird genommen, was sie haben und ihnen die Seligkeit der Armut gepredigt. Unter dem Zepter der Kirche herrscht Armut in aller Welt, und wer nicht hat, dem wird noch genommen, was er hat. Das Elend in den katholisch und christlich regierten Ländern ist in einem ständigen Wachstumsprozeß begriffen, in einem gewollten, ebenso wie diametral dazu der Reichtum der Kirche. „Denn wer hat, dem wird gegeben, und er wird im Überfluß haben; wer aber nicht hat, dem wird noch genommen, was er hat." - Amen.

Wer aber ein Wort sagt wider den Heiligen Geist

Matth. 12, 32

Die Drohreden im Leben und Wandeln des angeblich so menschenfreundlichen Jesus von Nazareth sind keineswegs so selten, wie viele immer noch meinen. Sie stehen nicht vereinzelt da , sondern ziehen sich wie ein roter Faden durch sein öffentliches Wirken hin, und sie betreffen meist nicht nur zeitliche, sondern meist ewige Strafen. Es sind Höllendrohungen.

Eine solche Höllendrohung wird auch nach dem Bericht des sich Matthäus nennenden Evangelienverfassers in folgendem Zusammenhang ausgestoßen. Man hatte einen Besessenen, der blind und stumm war, vor Jesus gebracht, der ihn angeblich heilte, so daß der Betroffene wieder reden und sehen konnte. Während das Volk vor Staunen außer sich geriet (Matth. 12, 23), stellten die Pharisäer die Vermutung auf: „Der treibt die Teufel nur durch Beelzebub, den Anführer der Teufel, aus." (Matth. 12, 24) Jesus läßt darauf eine längere Hypothese folgen, wonach kein Teufel durch einen Teufel ausgetrieben werden könne, weil dann doch das höllische Reich in sich uneins sein und zerfallen müsse. Da aber er, Jesus, die Teufel durch den Geist Gottes austreibe, sei das Reich Gottes zu den Juden gekommen. (Matth. 12, 25-28) Daran knüpft er mit unüberhörbarem Radikalismus die gefährliche, jeden Fanatismus freisetzende Selektion: „Wer nicht mit mir ist, der ist wider mich; wer nicht mit mir sammelt, der zerstreut." (Matth. 12, 30) Es gibt nur das unerbittliche Entweder - Oder.

Damit aber noch nicht genug. In Fortsetzung seiner Rede behauptet Jesus, jede Sünde und Lästerung werde den Menschen vergeben, nicht aber die Lästerung wider den Geist. Ein Wort gegen den Menschensohn, also gegen ihn selbst, könne noch Vergebung finden, jedoch: „Wer aber ein Wort sagt wider den Heiligen Geist, findet keine Vergebung, weder in dieser noch in der zukünftigen Welt." (Matth. 12, 31-32)

Was immer Jesus unter dem Heiligen Geist verstanden haben mag, jedenfalls kann hier nur eine göttliche Instanz gemeint sein, nach Lehre der Kirche die dritte Person des sogenannten dreifaltigen und dreieinigen Gottes.

Auffällig ist zunächst die strikte Unterscheidung und Abhebung eines Vergehens gegen Mitmenschen von dem gegen den Geist Gottes. Wer gegen seine Mitmenschen sündigt und sie lästert, erhält Vergebung, wer aber auch nur ein Wort sagt wider den Heiligen Geist Gottes, findet niemals Vergebung, weder auf Erden noch im Jenseits. Ein unerbittliches Verdikt unermeßlichen inhumanen Ausmaßes! Zwischenmenschliches Wohlverhalten erscheint in diesem Kontext als Nebensache gegenüber der unbedingten, absoluten Unterwerfung unter den Geist Gottes. Eine ethisch verwerfliche Moral!

Kurios wird der Ausspruch Jesu, wenn man die Lehre der Kirche von dem aus drei Personen bestehenden Gott ins Auge faßt, von dem zwei Drittel aus Jesus und dem Heiligen Geist bestehen. Wer etwas sagt gegen das zweite Drittel (Jesus), dem wird vergeben, wer aber etwas sagt gegen das dritte Drittel, den Heiligen Geist, dem wird weder in dieser noch in jener Welt vergeben.

Schließlich leitet die Kirche aus der Verabsolutierung und Tabuisierung des Heiligen Geistes, wie Jesus sie hier vornimmt, ihren Totalitätsanspruch ab, ihre unbeschränkte Herrschaft über die Menschen, die Knechtung ihres Denkens, die Unterbindung jeglicher freien Meinungsäußerung. Nicht ein Wort darf gesagt werden gegen den Heiligen Geist bei Androhung ewiger Verdammnis. Und da Päpste und Bischöfe seit eh und je behaupten, vom Heiligen Geist geleitet zu sein, haben wir in diesem Ausspruch Jesu die Institutionalisierung der extremsten, umfassendsten, den Menschen bis ins Innerste seiner Gedanken hinein beherrschenden und kontrollierenden Diktatur zu erblicken. Es ist damit nicht nur ein äußerer, sondern auf die infamste Art und Weise, nämlich durch das Mittel der Einschüchterung und Verängstigung bewirkter innerer Machtbereich etabliert, wie ihn sonst keine Macht der Welt auch nur vergleichbar ausdehnen und als unangreifbar und unzerstörbar durch zwei Jahrtausende unterhalten, ja immer noch weiter ausdehnen konnte. Teuflischer kann das kein Teufel formulieren und realisieren.

Der Bericht des Matthäus, jedenfalls was die Worte Jesu über den Widerspruch gegen den Heiligen Geist betrifft, findet seine Entsprechung bei den Synoptikern Markus und Lukas. Bei Markus sieht die Szene allerdings ein wenig anders aus. Dort heilt Jesus zuvor nicht nur einen Besessenen, „er heilte nämlich viele, und deshalb drängten sich alle Leidenden an ihn heran, um ihn anzurühren. Wenn die unreinen Geister ihn sahen, fielen sie vor ihm nieder" und priesen ihn als Sohn Gottes. (Mark. 3, 10-11) Dann stieg Jesus auf einen Berg und berief die bekannten zwölf Apostel. Hier folgt ein merkwürdiges Zwischenspiel, das Markus mit diesen Worten berichtet: „Dann ging er nach Hause. Wieder strömte das Volk zusammen, so daß sie nicht einmal etwas essen konnten. Als die Seinigen davon hörten, machten sie sich auf, um ihn mit Gewalt zu holen. Denn man sagte, er sei von Sinnen." (Mark. 3, 20-21) - Hielt man ihn für verrückt? Wenn man die unzähligen Widersprüche in Jesu Reden ins Auge faßt, liegt diese Vermutung allerdings nahe. Bei Markus folgt nun auch der pharisäische Vorwurf, Jesus treibe die Teufel durch Beelzebub aus und sei von diesem besessen, worauf Jesus ähnlich argumentiert wie bei Matthäus. (Mark. 3, 22-27) Nun aber folgt eine interessante Abwandlung. Demnach soll Jesus gesagt haben: „Wahrlich, ich sage euch: Alle Sünden und Gotteslästerungen, die die Menschen begehen, werden ihnen vergeben. Wer aber eine Lästerung wider den Heiligen Geist begeht, findet in Ewigkeit keine Vergebung, sondern bleibt mit ewiger Sünde belastet. Sie hatten nämlich behauptet: Er hat einen unreinen Geist." (Mark. 3, 28-30)

Was soll das besagen? Gotteslästerungen werden vergeben, also auch solche gegen das erste Drittel der göttlichen Person, nämlich Gott Vater, bis dahin bekannt als Jahwe oder Jehova. Nach Matthäus werden auch Lästerungen gegen den Menschensohn Jesus vergeben. Nur das dritte Drittel Gottes bleibt unantastbar? Ist der Heilige Geist das gegen Beleidigungen empfindlichste Organ Gottes? Oder besagt der Nachsatz des Markus, wonach man Jesus einen unreinen Geist vorwarf, daß er sich selbst meinte mit dem Heiligen Geist und dann damit über Gott stellte, wenn Gotteslästerungen entschuldbar sein sollten, nicht aber solche gegen den heiligen Geist des Jesus? Sollte er vielleicht doch wirklich verrückt gewesen sein?

Es lohnt in der Tat nicht, über all diese Ungereimtheiten weiter zu spekulieren; sie sollten auch nur aus den heiligen (von der Kirche geheiligten) Texten herausgeschält werden.

Nehmen wir noch die betreffende Stelle bei Lukas unter die Lupe. Dort hatten sich um Jesus inzwischen so zahlreiche Volksscharen angesammelt, „daß sie einander auf die Füße traten". (Luk. 12, 1) Jesus führt hier ganz andere Reden als bei Matthäus und Markus, verlangt, daß man ihn vor den Menschen bekenne, auf daß auch der Menschensohn sie vor den Engeln Gottes bekenne; wer ihn aber vor den Menschen verleugne, der werde auch von ihm vor den Engeln Gottes verleugnet werden. (Luk. 12, 8-10) Hier scheint übrigens ein Beweis dafür vorzuliegen, daß sich Jesus selbst nicht als zweites Drittel der göttlichen Person verstanden hat; wie sollte er sonst der Engel Gottes bedürfen, um vor ihnen die Menschen zu bekennen oder zu verleugnen? Hier stellt er Gottes Engel offensichtlich höher als sich selbst. Doch das nur nebenbei.

Nun also folgt die dritte evangelische Version des hier zur Rede stehenden Ausspruchs: „Wer ein Wort sagt wider den Menschensohn, dem wird vergeben werden; wer aber eine Lästerung ausspricht gegen den Heiligen Geist, dem wird nicht vergeben werden". (Luk. 12, 10) Schlägt man übrigens die drei Stellen in der Vulgata des Hieronymus nach, um dem Begriff des Heiligen Geistes näher auf die Spur zu kommen, so liest man bei Matthäus: „qui autem dixerit contra Spiritum sanctum" (Matth. 12, 32), bei Markus: „qui autem blasphemaverit in Spiritum sanctum" (Mark. 3, 29) und bei Lukas: „qui in Spiritum sanctum blasphemaverit" (Luk. 12, 10)

Was ist das, dieser Heilige Geist, dieser Spiritus sanctus? Eine Taube, eine Ansammlung von Feuerzungen, ein unsichtbares Brausen der Luft, eine göttliche Indoktrination der Päpste, Bischöfe, Priester und gläubigen Schafe? Karlheinz Deschner hat es auf den einfachen Nenner gebracht: „Gott, das sind immer sie selbst." Nicht anders ist es mit dem Heiligen Geist; er ist nichts als sie selbst, die Päpste nämlich, die ihn seit fast zweitausend Jahren verkündigen. Wer gegen sie ein Wort zu sagen wagt, den trifft ihr für Zeit und Ewigkeit gültig sein sollender Bann.

Ein Fünftel der Menschheit konnte der unerbittlichen Diktatur des Heiligen Geistes bisher unterworfen werden. Selbst Demokraten, die sich die Illusion der Freiheit einreden, beugen sich vor ihm, und in allen christlichen Ländern errichtet und praktiziert er eine Diktatur im Staate. Und wenn der Diktator aus Rom einreist und die Menschen der Länder mit seinem Unsegen verhöhnt, beugen sich Häupter und Kniee, beugen sich Verstand und Vernunft, verbeugen sich Staatsoberhäupter und lassen sich wie Befehlsempfänger des Heiligen Geistes widerspruchslos strafen oder streicheln, und niemand von ihnen wagt es, auch nur ein Wort gegen diesen in Wahrheit unheiligen Ungeist zu sagen: es würde ihnen auch niemals verziehen werden. - Amen.

Wer von euch ohne Sünde ist, werfe den ersten Stein auf sie

Joh. 8, 7

Die Erzählung des sich Johannes nennenden Verfassers von der Ehebrecherin fehlt in den ältesten griechischen Handschriften und auch in vielen Übersetzungen. Erst in der seit 383 auf Geheiß des Papstes Damasus I. von Hieronymus erarbeiteten lateinischen Bibelübersetzung, der Vulgata, taucht sie auf. Der Ursprung liegt also im Dunkeln. Die Authentizität, wie die aller Berichte der vier Evangelisten, darf somit in berechtigte Zweifel gezogen werden. Leider; denn es ist eigentlich ein sympathischer Text, der ein gewinnendes Charakterbild des Jesus von Nazareth zu vermitteln geeignet ist.

Nehmen wir zunächst die Situation. Jesus begab sich an den Ölberg und ging am frühen Morgen wieder in den Tempel. Alles Volk strömte herbei; und er setzte sich nieder und lehrte. Da brachten die Schriftgelehrten und Pharisäer eine Frau zu ihm, die beim Ehebruch ertappt worden war, stellten sie in die Mitte der Menschenansammlung und sagten zu Jesus: „Meister, diese Frau ist beim Ehebruch und auf frischer Tat ertappt worden. Moses hat uns im Gesetz geboten, solche Frauen zu steinigen. Was sagst du dazu?" Mit dieser Frage wollten sie ihn angeblich auf die Probe stellen, um ihn anklagen zu können. (Joh. 8, 1-6) Diese Zwischenbemerkung setzt eigentlich voraus, daß die Schriftgelehrten und Pharisäer Jesus sowohl als frauenfreundlich wie auch als tolerant, als großzügig und nachsichtig kannten, und das heißt: als wenig gesetzestreu in ihrem Sinne, sonst wäre diese Szene unsinnig. Sie erwarteten offensichtlich, wenn sie denn Jesus im Sinne einer Anklage überführen wollten, eine Verteidigung oder zumindest eine Entschuldigung der Frau.

Jesus gibt keine Antwort, bückt sich nieder und schreibt mit dem Finger auf den Boden. Dieses Orakel verstand keiner der Fragenden, und so drangen sie weiter mit Fragen auf ihn ein. Und nun folgt die lapidare Antwort des Jesus von Nazareth: „Wer von euch ohne Sünde ist, werfe den ersten Stein auf sie!" Daraufhin bückte er sich wieder und schrieb auf den Boden; sie aber schlichen davon, einer nach dem andern, die Ältesten voran. Jesus blieb allein mit der Frau zurück, die in der Mitte der Menschen gestanden hatte, richtete sich auf und fragte sie: „Frau, wo sind sie, die dich anklagten? Hat dich keiner verurteilt?" Sie antwortete: „Keiner, Herr!" Da sprach Jesus: „So will auch ich dich nicht verurteilen. Geh hin, und sündige fortan nicht mehr!" (Joh. 8, 6-11)

Ist das alles schöne Legende, ist es eine in mündlicher Überlieferung bis auf den Schreiber des Textes überkommene wahre Episode aus dem Leben Jesu? Die Frage ist müßig; entscheidend ist vielmehr die Tatsache, daß der Text in die von der Kirche approbierte Heilige Schrift als Bericht des Apostels Johannes eingeflossen ist, also als verbindlich zu gelten hat für die Gläubigen, sozusagen als ethische Vorschrift für alle Christen, vor allem aber für ihre Priester, denen ja gemäß Joh. 20, 23 oder auch Matth. 16, 19 sowie Matth. 18, 18 die Vollmacht und die Gewalt übertragen worden sein soll, Sünden zu vergeben oder nicht. In der Szene mit der Ehebrecherin wird klar die Erwartung ausgesprochen, daß nur der den ersten Stein werfe, und das heißt doch wohl, daß nur der aburteile und strafe, der selber ohne Sünde, ohne Verfehlung sei. Und da sich kein Mensch von Sünden, von Fehlern und Vergehen, von Übertretungen des Gesetzes, von Verletzungen äußerer oder innerer Art seiner Mitmenschen freisprechen kann, ist demnach niemand berechtigt, über seine Mitmenschen zu rechten oder zu richten.

Das ist ein hoher ethischer Anspruch, der mit dieser Szene überliefert wird, ein Anspruch, der verlangt und voraussetzt, daß jeder, der sich zum Richter aufwirft, selber frei sein müsse von jeglichen Selbstvorwürfen, frei von Schuld im objektiven Sinne.

Die Kirche und ihre Priesterschaft haben dieses Wort des Evangeliums - wie zahllose andere, die ihnen nicht in ihr Verdammungskonzept paßten - glatt ignoriert, haben sich über dieses Ethos hinweggesetzt und Menschen - sogar auch ohne nachgewiesene oder nachweisbare Schuld - zu grausamen Strafen und Qualen verurteilt, die die einer Steinigung noch bei weitem übertrafen. Gemeint sind die von der sogenannten heiligen Inquisition durchgeführten Folterungen von Menschen, denen man nicht einmal Ehebruch nachweisen konnte, denen man aber in dämonischer Phantasie oder in berechnender diabolischer Absicht Hexerei, Verkehr mit dem Teufel und viele andere Ungeheuerlichkeiten vorwarf, nachdem man durch die Folter die unsinnigsten Geständnisse erpreßt hatte. Immer wieder hört man der Erinnerung an diese furchtbaren Ereignisse den Einwand entgegenhalten, das sei doch lange her, sei eben das unaufgeklärte Denken einer anderen Zeit gewesen und damit - wenn nicht entschuldbar, so doch - verständlich. Derartige Ausreden sind jedoch ungeheuerlich, nicht nur wegen ihrer Dummheit und Ignoranz, sondern wegen ihrer durch und durch perfiden Exkulpierungsabsicht gegenüber einer Institution und ihren offiziellen Funktionären, die sich selbst als vom Heiligen Geist Gottes gelenkt und geleitet versteht und ausgibt, dabei aber zu jeder Zeit die verabscheuungswürdigsten Verbrechen gegen die Menschlichkeit begangen hat und noch heute begeht. Es ist klar festzustellen, daß allen Grausamkeiten, die sich die Kirche durch die Jahrhunderte hin mit ihrer Strafjustiz herausgenommen hat, Jesu Wort zum Fall der Ehebrecherin unmißverständlich entgegensteht. Dieses Wort kannte man damals so gut wie heute. Es ist also nichts zu entschuldigen. Aber schlimmer noch: was Päpste in der zweitausendjährigen Geschichte des Christentums ex cathedra, also als Lehre in Glaubens- und Sittenfragen, verkündet haben, so auch der 1487 von Papst Innozenz VIII. auf Grund seiner Hexen-Bulle die Hexenverfolgung kirchlich legalisierende Hexenhammer (Malleus maleficarum), wurde nicht nur unter Berufung auf Matth. 28, 20 und Joh. 14, 16-17 seit dem ersten ökumenischen Konzil zu Nicäa 325 zur irrtumsfreien kirchlichen Lehre erklärt, sondern auch nachträglich auf dem Vatikanum 1870 von Papst Pius IX. durch Dogma bestätigt. Sind das alles Abweichungen und Abirrungen vom sogenannten wahren Evangelium Jesu Christi? Von einigen Passagen ja, wie zum Beispiel von der sympathischen und menschenfreundlichen Erzählung über Jesus und die Ehebrecherin. Von andern aber wiederum keineswegs, in denen ewige Qualen und Höllenstrafen angedroht werden. Die Bibel, besonders die des Neuen Testaments, steckt voller Widersprüche, und so kann man alles und demnach nichts daraus ableiten. Jedoch um solch ethisch hochstehender, menschlich gewinnender Passagen willen, wie sie bei Joh. 8, 1-11 nachzulesen sind, lohnt es sich, hin und wieder einen Blick hineinzuwerfen. Unter viel Spreu und Schmutz sind einige edle Körner verstreut aufzufinden. - Amen.

An ihren Früchten sollt ihr sie erkennen

Matth. 7, 16

Zur Auslegung dieses markanten Wortes Jesu brauchte man eigentlich nur auf die Werke von Karlheinz Deschner zu verweisen, insbesondere auf seine mehrbändige „Kriminalgeschichte des Christentums", die weiter fortgesetzt wird, auf seine „Politik der Päpste im 20. Jahrhundert" und auf sein übriges religions- und kirchenkritisches Werk.

Der sich als Matthäus bezeichnende Verfasser des ersten Evangeliums überliefert in seinem 8. Kapitel, Vers 15-20, folgende Rede des Jesus von Nazareth, die der berühmten Bergpredigt zugehört: „Hütet euch vor den falschen Propheten! Sie kommen in Schafskleidern zu euch, innen aber sind sie reißende Wölfe. An ihren Früchten sollt ihr sie erkennen. Sammelt man von Dornbüschen Trauben oder von Disteln Feigen? So trägt jeder gute Baum gute Früchte; ein schlechter Baum aber trägt schlechte Früchte. Ein guter Baum kann nicht schlechte Früchte tragen und ein schlechter Baum nicht gute Früchte. Jeder Baum, der nicht gute Früchte trägt, wird ausgehauen und ins Feuer geworfen. An ihren Früchten sollt ihr sie erkennen."

Das anschauliche Bild, das Jesus von den falschen Propheten entwirft, läßt an Deutlichkeit nichts zu wünschen übrig. Erstens sind sie falsch, falsch doch wohl in dem doppelten Sinne von unecht und hinterhältig, heimtückisch. Zweitens tarnen sie sich mit dem Schafskleid, weiß und sanft und wollig und flauschig, sie geben sich den Anschein der Harmlosigkeit und Unschuld, in Wirklichkeit aber sind sie reißende Wölfe, gierig, gefräßig, mörderisch, ständig hungrig nach Beute. Wer je seit Jesus hätte in so wenigen knappen Worten und zugleich so treffend eine Charakteristik der Institution Kirche und ihrer Funktionäre, angefangen vom Papst über die Bischöfe und Äbte bis zum kleinsten Mönch oder Weltgeistlichen, gegeben!

Sie sind alle falsche Propheten, heuchlerisch und Dinge versprechend, von denen sie selbst nichts wissen, dabei ständig lauernd und zuschnappend nach Beute: Seelen, Gelder, Grundstücke, Aktien, Vermächtnisse, Spenden, Steuern, Almosen, Sachspenden, Konfiszierungen, Raub, Kriegsbeute, Erpressungen.

Das ist aber nur die eine Seite, die Habenseite, das Register der Vereinnahmungen. Was aber gibt der Baum her, den man als Christentum oder die Kirche vor sich aufragen sieht? Gute Früchte? Wo und in welcher Form sind sie zu ernten? Ist etwa der gespendete Segen, der sakramentale, bei Taufe (verbunden mit Exorzismus), Eheschließung, Grablegung eine gute Frucht? Oder nur eine Fiktion, also etwa eine taube Nuß, die sich als leer erweist, sobald man sie aufknackt? Teilt die Kirche gute Früchte aus?

Freilich, es gibt die Caritas und ihre Einrichtungen: Sozialstationen, Jugend- und Obdachlosenhilfe, Bahnhofsmission, Altenheime, Bildungsstätten mit durchaus lohnenden Kursen, kirchliche Schulen, Kindergärten, und es soll keineswegs bestritten werden, daß sicher viele Ausnahmen die Regel bestätigen. Dann aber liegt es jeweils am guten Willen und an der Integrität des einzelnen Mitarbeiters, der sich als guter Prophet betätigt, der sich besten Willens und in ehrlicher Überzeugung einsetzt. Es gibt solche Menschen selbstverständlich in der Kirche, es gibt wohlmeinende ehrliche Geistliche, integre Personen, die sogar fest an das glauben, was sie predigen und praktizieren, was ihnen von frühen Kindertagen an indoktriniert wurde, deren guter Wille, deren menschliche Zuwendungsbereitschaft größer sind als ihr kritischer Verstand, der eigentlich die innere Verlogenheit, die im System grundgelegte Heuchelei hätte erkennen müssen.

Daß sich die Kirche ihre Caritas und ihre Erziehungs- und Bildungsarbeit in Deutschland größtenteils vom Staat bezahlen läßt und ohne diese staatliche Zuwendung möglicherweise so gut wie nichts tun würde, da sie sonst ihren Bestand an Kapital angreifen müßte, bedenkt kaum jemand. Die Kirche und ihre Institutionen heimsen also Früchte ein; keine von ihnen, die nicht mit spitzem Rechenstift geführt würde. Und die Früchte, die sie abwerfen? Wer sich nicht konform verhält, wird vor die Tür gesetzt. Es ist öffentlich längst bekannt, daß sich kein in Diensten einer katholischen - und oft auch evangelischen - Institution stehender Christ ein Konkubinat, also eine freie Partnerschaft, erlauben kann, erst recht keine Scheidung und schon gar nicht einen Kirchenaustritt. Normkonformes Verhalten, jedenfalls nach außen hin, wird unbedingt verlangt und gefordert. Nicht viel anders ist es mit dem Zölibat, was nicht etwa bedeutet: sexuelle Enthaltsamkeit, sondern lediglich Ehelosigkeit. Die Konkubine, ob als Haushälterin oder als Ehefrau eines anderen, wird jedem Geistlichen inoffiziell zugestanden, solange der Fall nicht sichtbar an die Öffentlichkeit dringt. Und jeder katholische Geistliche hat die Zahlung von Alimenten für drei uneheliche Kinder frei. Das erledigt die bischöfliche Behörde auf Kosten des Kirchensteuerzahlers. Beim vierten Kind wird der Geistliche allerdings selbst zur Kasse gebeten, sofern es ihm überhaupt nachgewiesen werden kann. Denn für viele geweihte Herren erweist es sich als zweckmäßig, ihre Kinder in Ehen, in Familien, unerkannt abzusetzen, also sozusagen Kuckuckseier zu legen. Die betreffende Ehefrau wird unbedingt Verschwiegenheit bewahren, zumal ihr das jeder Beichtvater anraten wird, und der vertrauensvolle Ehemann wird nur in seltenen Fällen Verdacht schöpfen und sich dann in den meisten Fällen aus eigenem Interesse, aus gesellschaftlichen Rücksichten und religiöser Scheu, vielleicht aber auch in fairer Verantwortung vor dem nichtsahnenden unschuldigen Kind, hüten, der Sache auf den Grund zu gehen und Konsequenzen zu fordern.

Das alles sind keine böswilligen Phantasien eines ungläubigen Predigers, es sind real nachzuweisende Tatsachen. An ihren Früchten sollt ihr sie erkennen!

Ich will es meinen Leserinnen und Lesern ersparen, hier wieder auf die durch Jahrhunderte gehenden Verbrechen der Kirche hinzuweisen. Wir brauchen nur in die aktuelle Gegenwart zu blicken und die Ansprachen des Papstes auf seinen Reisen durch die Länder zu hören, besonders in Fragen der von ihm strikt untersagten Empfängnisverhütung, womit er unsägliches Elend, besonders in den Ländern der sogenannten Dritten Welt, provoziert, aber auch ganz allgemein möglichst viele Kinder produzieren lassen möchte, die vom ersten Tage ihres Lebens an nie Liebe erfahren können, keine innere Geborgenheit erleben, weil sie von ihrer eigenen Mutter nicht gewollt sind. Man denke ferner an die Aktionen und die - ebenfalls von Karlheinz Deschner und vielen andern gut recherchierenden Autoren nachgewiesenen - Geheimaktionen und verbrecherischen Aktivitäten von Opus Dei, man denke auch an die Unterdrückung freiheitlicher Bestrebungen von unten her im Kirchenvolk durch die päpstliche Diktatur, die von den Bischöfen auf Klerus und Laien ausgeübt wird. Eine Befreiung im Denken und Handeln ist innerhalb der hierarchisch strukturierten, streng an Bibel und Dogma gebundenen Kirche ausgeschlossen, so sehr idealistische Schwarmgeister im niederen Klerus und in den Gemeinden auch danach lechzen mögen.

Starr und unumstößlich steinern steht die Kirche allen Reformbestrebungen gegenüber seit eh und je unerschütterlich fest da. Nichts gibt sie her von ihren Rechten und Besitztümern, nirgend wachsen gute Früchte. Aber sie ist das einzige Unternehmen der Erde mit einer ständig florierenden Wachstumsrate; nur nennt sich dieses Wachstum in ihrer Terminologie nicht etwa Wachstum, sondern Missionierung. So kennt die Kirche keine Rezession, sie kennt nur Expansion. Aber diese Expansion dient nicht den Menschen, sie dient nur der Ausdehnung und Festigung ihres eigenen wirtschaftlichen und politischen Machtpotentials. Niemals ist die Kirche zuwendungsfreudig, immer habgierig, machtdurstig, totalitär, diktatorisch, intolerant, zu keinen Kompromissen und Zugeständnissen bereit, andere abkanzelnd und nach eigenen Maßstäben bewertend, sich selbst glorifizierend, als unfehlbar darstellend, aus ihrem Selbstverständnis keiner Fehlentscheidung fähig, weil göttlich inspiriert und somit absolute Unterwerfung fordernd. Dabei verkündet sie heuchlerisch die von ihr behaupteten Attribute ihres Gottes: gütig, barmherzig, allwissend, allgegenwärtig, allmächtig. Mit diesem All-round-Gott, diesem Hyper- und Mega-Phantom chloroformiert sie seit zweitausend Jahren die Menschen und unterwirft sie unter Zufügung der Attribute „allgerecht" und „unnachsichtig streng" irrationalen Ängsten vor ewiger Verdammnis und ewiger Feuerqual. Franz Buggle hat ausführlich dargelegt, welche psychischen Schäden durch diese Droh- und Strafreligion selbst noch bei Menschen unserer Zeit angerichtet werden. Wie erst durch die Jahrhunderte hin in voraufklärerischen Zeiten!

An ihren Früchten sollt ihr sie erkennen! Ein vernichtendes Verdikt Jesu über die Christenheit und über die auf ihn zurückgeführte Kirche! - Amen.

Jeder, der eine Frau lüstern ansieht

Matth. 5, 28

Die Bergpredigt Jesu, die, wie der evangelische Theologe Gerd Lüde-
mann auf Grund seiner eigenen Forschungen behauptet, nie stattgefunden haben soll, enthält auch eine Passage über den Ehebruch. In einer
der vielen katholischen Versionen lautet der matthäische Text also:

„Ihr habt gehört, daß zu den Alten gesagt worden ist: Du sollst nicht
ehebrechen. Ich aber sage euch: Jeder, der eine Frau lüstern ansieht, hat
in seinem Herzen schon Ehebruch mit ihr begangen. Wenn also dein
rechtes Auge dir zum Ärgernis wird, so reiß es aus und wirf es von dir.
Denn es ist besser für dich, eines deiner Glieder geht verloren, als daß
dein ganzer Leib in die Hölle geworfen wird. Und wenn deine rechte
Hand dir zum Ärgernis wird, so hau sie ab und wirf sie weg. Denn es ist
besser für dich, eines deiner Glieder geht verloren, als daß dein ganzer
Leib in die Hölle geworfen wird." (Matth. 5, 27-30)

Der Text geht noch weiter, aber dies mag uns genügen. Nähmen die
Christen ihren Jesus Christus ernst, wir hätten es fast nur noch mit
Selbstverstümmelten, Einäugigen und Blinden zu tun. Die Textstelle
macht deutlich, daß der Utopist Jesus an seinen unsinnigen Überforderungen als einzelner scheitern mußte; dafür hat sich dann eine Institution seiner Lehre bemächtigt, die jedes seiner Worte durch theologische
Gehirnwindungen schickt und dann dogmatisch dem gläubigen, abergläubischen Volk aufdrängt und aufzwingt.

Will man Jesu Worte ernst nehmen, so muß man ihn selbst als einen
leib- und lustfeindlichen Propheten „verorten", wie heutzutage Promo-
venden in ihren Dissertationen zu formulieren belieben. Selbst die eroti-
schen Augenfreuden an einer attraktiven Frau werden den züchtigen
Ehemännern verboten. Wenn ihnen aber dann noch zugemutet wird,
sich Augen auszureißen oder Hände abzuhacken, so kann das bei vernünftigen Menschen allenfalls ein homerisches Gelächter hervorrufen,
nicht aber die ernsthafte Befolgung derartiger Ratschläge. Wieviele ausgerissene Augen müßten täglich auf unsrcn Partys daherrollen, wieviele Hände anschließend abgehackt werden. Eine lustvolle Show für
heimliche Sadisten! So dürfte denn auch in der seit jener fiktiven Berg-

predigt verflossenen zweitausendjährigen Geschichte des Christentums kein einziger Fall bekannt geworden sein, in dem sich ein Ehemann oder ein lediger Mann (wegen des Anblicks einer verheirateten Frau) auf die empfohlene oder befohlene Weise selbst verstümmelt hätte. Fazit: solche kühnen Reden hören sich zwar für die auf sadistische oder masochistische Phantasien erpichten Zuhörer von christlichen Predigten gar reizvoll an, dürften sich aber fern jeglicher Realität befinden. Damit könnten wir diese skurrile Schriftstelle eigentlich getrost abhaken und zur Tagesordnung übergehen, hätten wir in ihr nicht einen der Grundsteine für die asketische Lehre des Christentums zu erblicken, hätten nicht diese Jesusworte insofern Geschichte, traurige, ja grausame Geschichte gemacht, als eine derartige Leibfeindlichkeit der Institution der Kirche Macht über die geheimsten Phantasien und Wunschbilder der Gläubigen verlieh, die zur Zeit der Inquisition ihre Hochblüte erlebte; denn die lüsternen Phantasiebilder, nunmehr von asketischen Pfaffen und Mönchen gehegt, wurden unter unmenschlichen Folterungen den damals Angeklagten abgepreßt. Und da Phantasien grenzenlos zu sein pflegen, jedenfalls von ihrer ursprünglichen Natur her, wurde, indem man sie in der Folter erpressen konnte, jeglicher Verstümmelung der dieser Tortur unterworfenen unglücklichen Opfer Tür und Tor geöffnet. Im Namen Jesu wurden nicht nur Augen ausgerissen und Hände abgehackt, man schnitt Zungen heraus, schnitt Genitalien ab, renkte Glieder aus, vierteilte, brandmarkte und verbrannte bei lebendigem Leibe, öffentlich und mit Segen des Papstes; „denn es ist besser für dich, eines deiner Glieder geht verloren, als daß dein ganzer Leib in die Hölle geworfen wird." Dein ganzer Leib, das heißt Jesus glaubte an das leibliche Weiterleben im Jenseits, in einem höllischen Jenseits. Aber die Hölle wurde schon immer durch die Kirche und ihre Zwänge auf die Erde herab- oder heraufgeholt, der Teufel nistete sich ein in die Hirne und Urteilssprüche und Methoden der heiligen Inquisition. Und ebenso sitzen Teufel und Hölle, Fluch und Verdammnis in jedem Beichtstuhl, in dem ein Pfaffe mit ewigen Strafen droht und die reuigen Sünder dem Verdikt der „ewigen Gerechtigkeit" unterwirft, sofern sie nicht gehorsam kuschen, im tiefsten Innersten bereuen und im Gehorsam Besserung versprechen. Der angeblich humane und menschenfreundliche, die Menschheit durch sein Blut erlösende Jesus kann nur, wenn denn die über ihn in den Evangelien berichteten Auftritte den Tatsachen entsprechen sollten, ein verkappter Sadomasochist gewesen sein, dem es eine

Lust gewesen sein muß, die Menschen mit den fürchterlichsten Verstümmelungs- und Folterphantasien zu verängstigen, um sich dann schließlich selbst in masochistischer Wollust den Qualen der Geißelung und Kreuzigung planvoll auszuliefern, womit dann auch die sadistischen Gelüste seines himmlischen Vaters Jahwe an Töten und Blutvergießen, die wir aus dem Alten Testament kennen, auf ihre Kosten kommen konnten.

Kein Wunder, daß das Programm dieses rachelüsternen und blutrünstigen Propheten, der insofern selbst ein falscher Prophet, ein Wolf im Schafskleid gewesen sein dürfte, kraft der durch ihn entstandenen Institution, genannt Kirche, durch die Jahrtausende die größte Blutspur gezogen hat, die die Menschheit je erfahren mußte. Wer dem zu widersprechen sich bewogen fühlt, der reiße sich beim ersten lüsternen Blick auf eine Frau das Auge aus, der hacke sich die Hand ab, sofern er sie mit Lust, wie auch immer, berühren lassen oder zu einer Berührung geneigt fühlen sollte. - Amen.

Dort wird Heulen und Zähneknirschen sein

Matth. 13, 42

Jesus trug seine Lehren, wenn man den Evangelien folgt, gern in Gleichnissen vor, die freilich selten von seinen Zuhörern verstanden wurden; und selbst die Eingeweihten, seine Jünger, mußten ihn anschließend oft bitten: „Erkläre uns dieses Gleichnis." Sie waren eben theologisch noch nicht vorgebildet wie ihre späteren Nachfolger, die aus Deutungen und Umdeutungen eine Wissenschaft zu machen wußten und sich noch heute auf den Lehrstühlen der Universitäten breitmachen.

Jedermann kennt das Gleichnis vom Unkraut auf dem Acker, das Jesus stehenzulassen empfahl, damit nicht mit dem Unkraut zugleich der Weizen vorzeitig ausgerissen werde, sondern bis zur Ernte zu warten, um dann den Weizen in der Scheune zu sammeln, das Unkraut aber in Büschel zu binden und zu verbrennen. (Matth. 13, 24-30)

Dieses und noch andere Gleichnisse vom Himmelreich, zum Beispiel vom Senfkorn und vom Sauerteig, trug Jesus den versammelten Volksscharen vor, die den Inhalt vermutlich ebenfalls mehrheitlich nicht begreifen konnten, entließ dann schließlich die Scharen der Zuhörer und wurde von seinen nun an ihn herantretenden Jüngern gebeten: „Erkläre uns das Gleichnis vom Unkraut auf dem Acker." (Matth. 13, 36) Das übrigens hatte im Gleichnis „der böse Feind" gesät.

Nun also hub Jesus nach dem Bericht des Matthäus an und sprach: „Der den guten Samen sät, ist der Menschensohn. Der Acker ist die Welt. Der gute Same sind die Kinder des Reiches; das Unkraut sind die Kinder des Bösen. Der Feind, der es gesät hat, ist der Teufel. Die Ernte ist das Ende der Welt. Die Schnitter sind die Engel. Wie man nun das Unkraut sammelt und im Feuer verbrennt, so wird es auch am Ende der Welt gehen. Der Menschensohn wird seine Engel aussenden, und sie werden alle Verführer und Übeltäter aus seinem Reich zusammenbringen und in den Feuerofen werfen. Dort wird Heulen und Zähneknirschen sein. Alsdann werden die Gerechten leuchten wie die Sonne im Reiche ihres Vaters. Wer Ohren hat, der höre!" (Matth. 13, 37-43)

Ja, wer Ohren hat, der höre! Er hört das simple Weltbild eines simplificateur terrible, eines schrecklichen, schreckenerregenden, grausamen und greulichen Vereinfachers. Ein Teil der Menschheit wird verteufelt, als Unkraut, vom Teufel gesät, diffamiert; und darunter fallen alle, die sich dieser Lehre und der sie verbreitenden Kirche nicht fügen. Der andere Teil, vom Menschensohn ausgesät, also die Gläubigen und Gehorsamen, werden glänzen wie die Sonne im Reiche ihres Vaters. Die einen werden als Verführer und Übeltäter diffamiert, die andern als Gerechte hervorgehoben. Die Vergeltung für jene Schlimmen, die der Teufel in die Welt gestreut hat, ist der Feuerofen, aus dem ihr Heulen und Zähneknirschen über das Ende der Welt hinaus in alle Ewigkeit mißtönend hervordringt, der Lohn für die Guten das sonnenhafte Leuchten im Reiche Gottvaters.

Ein Theologe, der es von berufswegen und kraft der ihm erteilten Weihen, erleuchtet vom Heiligen Geiste, wissen muß, hat dazu kommentiert: „Das Gleichnis vom Unkraut lehrt, daß die Kirche hienieden Gute und Böse umschließt, und daß erst am Ende der Zeiten die endgültige Scheidung vollzogen wird." Also auch in der Kirche gibt es die vom Teufel ausgesäten Bösen; soll das für nichtkirchliche Menschen ein Trost sein? Sollen sie den Bösen der Kirche im ewigen Feuerofen zugesellt werden?

Ist es nicht staunenswert, daß sich denkende Menschen schon seit zweitausend Jahren durch diese banalen Drohreden haben einschüchtern lassen können, staunenswert schon, daß sie sie überhaupt ernst genommen haben? Oder warum sonst kriechen sie devot niederkniend in die Beichtstühle und kehren dort ihr Innerstes nach außen, tun Buße in Reue, laufen in die Gottesdienste, in denen seit Jahrhunderten immer nur das gleiche langweilige und langweilende sakrale Programm, freilich auch durch abwechslungsreich feierliche Musik untermalt, abgewickelt wird, zahlen Kirchensteuern, geben der Kirche aus Angst vor ewigem Heulen und Zähneknirschen und vor den unerträglichen Gluten des unaufhörlich brennenden Feuerofens ganze Vermächtnisse an Grund und Boden, an Gebäuden und Ersparnissen, um sich auf diese Weise von der bedrohlichen höllischen Verdammnis freizukaufen und nach ihrem Hinscheiden wie die Sonne leuchten zu können.

Sagen wir es ganz schlicht und einfach: solche unmenschlichen Androhungen, solches kalkulierte Spiel mit der Angst gläubig naiver Menschen sind ein Verbrechen, ein Verbrechen wider die Menschlichkeit. - Amen.

Wer ist wohl der Größte im Himmelreich?

Matth. 18, 1

Aus dem Leben Jesu sind einige Szenen überliefert worden, die ihn in ein ungemein sympathisches Licht rücken, nur haben sie leider in der Geschichte der Kirche wenig bewirkt. Eine solche Szene ergibt sich aus dem Rangstreit der Jünger, den ersten Machtkämpfen also unter diesen Auserwählten, die von ihrem Meister auf verblüffende Art in die Schranken gewiesen werden. Der Vorfall wird von allen drei Synoptikern berichtet. Folgen wir zunächst der Darstellung des Matthäus-Evangeliums.

Die Jünger traten an ihren Meister heran und fragten - nicht ohne Selbstsucht - sozusagen durch die Blume: „Wer ist wohl der Größte im Himmelreich?" Jesus, der sofort ihr Prestigedenken durchschaute, rief ein Kind herbei, stellte es mitten unter sie und sprach: „Wahrlich, ich sage euch: Wenn ihr euch nicht bekehrt und nicht werdet wie die Kinder, so werdet ihr in das Himmelreich nicht eingehen. Wer sich also für gering achtet wie dieses Kind, der ist der Größte im Himmelreich. Wer ein solches Kind in meinem Namen aufnimmt, der nimmt mich auf." (Matth. 18, 1-5)

Jesu Rede geht noch weiter, indem er auf Ärgernisse zu sprechen kommt, die aber in Verbindung gesetzt werden mit dem kindlichen Glauben an ihn, und es erscheint das bekannte Wort vom Mühlstein, der demjenigen, der Ärgernis gibt, am besten um den Hals gehängt werden solle, um ihn damit in die Tiefe des Meeres zu versenken. Wieder ein reichlich grausames Bild, auf das wir aber in unserem Zusammenhang nicht eingehen wollen, weil das hier zu weit führen würde. Bleiben wir statt dessen beim ersten Teil der Antwort Jesu, die ja doch offenbar den fragenden Jüngern gegenüber eine harsche Zurückweisung enthält. Sie hatten gefragt, wer der Größte im Himmelreich sein werde, wobei sie zweifellos sich selbst im Auge hatten. Jesus gesteht ihnen nicht nur nicht einen hohen Rang im Himmel zu, sondern verweigert ihnen unter den gegebenen Vorbedingungen das Himmelreich überhaupt, sofern sie sich nicht im Sinne naiver, unbefangener, bescheidener Kindlichkeit bekehren. Die deutsche Vokabel „bekehren" im heutigen Verständnis trifft den Sachverhalt schlecht; denn dieses Wort ist längst zur abgegriffenen Wortmünze verschlissen. Die Vulgata des Hieronymus sagt an dieser Textstelle: „nisi conversi fueritis". Luther übersetzt viel treffender, wenn er schreibt: „Es sei denn, daß ihr euch umkehret". Heute müßten wir etwa sagen: Wenn ihr euch nicht völlig umtut oder völlig ändert. Damit ist offensichtlich eine Änderung der Grundeinstellung, eben von Grund auf, gemeint, eine völlig andere Ausgangsbasis im Denken, die Abweisung jeder Spekulation ichsüchtiger Selbstverwirklichungsgedanken im Hinblick auf das Himmelreich. Das ist schön und gut, aber ist das psychologisch möglich? Kann jemand, der erst einmal dem religiösen Karrieredenken verfallen ist und mit einem bevorzugten Platz im Himmel liebäugelt, sein Gemüt auf kindliche Einfalt zurückschrauben? Und hatte nicht Jesus selbst mit seinen ständigen Himmelsverkündigungen jene Erwartungshaltung in seinen Jüngern hervorgerufen und befördert, die er selbst so scharf zurückweist? Wird nicht der religiöse Mensch, der das Ziel seines irdischen Lebens als belohntes Dasein im himmlischen Jenseits ansieht, ganz von selbst auf die Rangfrage verfallen müssen, wenn er seine Frömmigkeit, sein moralisches Wohlverhalten mit den davon nach oben oder unten abweichenden Verdiensten seiner frommen Mitbewerber vergleicht? Ist nicht überhaupt das den Menschen beigebrachte Lohn- und Strafdenken der Religion Ursache dafür, daß sich die Gläubigen um des versprochenen ewigen Lohnes und der angedrohten ewigen Strafen willen wohlverhalten, nicht aber um des Wohlverhaltens willen? Muß nicht die christliche Religion ihren Anhängern schon von diesem Impetus her von vornherein jede kindliche Unbefangenheit und Naivität rauben?

Es wäre notwendig, endlich einmal eine Psychologie des Christentums zu schreiben, und zwar nicht eine solche an Hand historischer Fakten und geschichtlicher Gestalten, sondern eine evangelium-immanente, die zu erweisen hätte, was eigentlich die dort aufgestellten Maximen folgerichtig zu bewirken angelegt sind. Hier darf die These aufgestellt werden, daß Jesu Aufforderung an die Jünger, naiv und unbefangen unspekulativ zu werden wie die Kinder, eine psychologische Überforderung darstellt, der weder die Jünger selber noch ihre Nachfolger im Priester-, Mönchs-, Bischofs- und Papstamt gewachsen sein konnten. Damit wird die auf den ersten Blick so sympathische Szene, in der Jesus ein unbefangenes Kind in den Mittelpunkt stellt, zu einer vollständig utopischen Parabel, und wieder ist es die schon oft herbeizitierte zweitausendjährige Geschichte der Kirche und des Christentums, die dafür den besten

Beweis liefert. Ein kindlicher Papst, naive Bischöfe, unbefangen arglose Priester sind uns schlechterdings nicht vorstellbar, und was das große Heer der Christen angeht, so sind diese alles andere als unspekulativ, sondern durchaus rang-, karriere- und prestigebewußt, auch im Hinblick auf das Himmelreich, sofern sie daran glauben. Im übrigen steigert sich diese so sympathische Rede Jesu dann doch wieder zu den bei ihm geläufigen blutrünstigen Bildern, wenn im Zusammenhang mit den von ihm verurteilten Ärgernissen abermals die Rede ist von abgehackten Händen und Füßen, von ausgerissenen Augen und vom ewigen Feuer der Hölle, abgesehen vom Ersäufen mittels eines um den Hals gehängten Mühlsteines. Frohbotschaft hat man das ganze genannt. Wen soll eine solche Botschaft froh machen?

Bei Markus kehrt die Szene wieder unter etwas anderen Aspekten. Dort beginnt Jesus das Gespräch mit der Frage an seine Jünger, wovon sie auf dem Wege nach Kapharnaum gesprochen hätten. Sie schwiegen betreten; denn sie hatten sich unterwegs miteinander darüber gestritten, wer unter ihnen der Größte sei. Jesus setzte sich nieder, rief die Zwölf zu sich und sagte ihnen: „Wer der Erste sein will, der sei der Letzte und aller Knecht." Vom Himmelreich ist hier nicht die Rede, sondern von der Rangliste hier auf Erden. Die Szene, in die dann das Kind einbegriffen wird, erzählt Markus verkürzt. Aber auch hier taucht dann der Mühlstein wieder auf, um abermals an den Hals gehängt zu werden, die abgehauene Hand, der abgehauene Fuß, das ausgerissene Auge und die wenig angenehme Empfehlung, alsdann verstümmelt und als Krüppel ins Leben einzugehen.

Der Himmel also als Asyl für fromme Selbstverstümmelte und freiwillige Krüppel. Frohbotschaft! (Mark. 9, 33-37; 42-49)

Und schließlich Lukas, der die Sache am kürzesten abhandelt. Dort erwogen die Jünger den Rangstreit nur in Gedanken, die Jesus telepathisch anzapfte, worauf er sogleich ein Kind neben sich stellte, es in seinem Namen aufzunehmen empfahl und dann schloß: „Denn wer unter euch allen der Kleinste ist, der ist groß". (Luk. 9, 46-48)

Es gibt also drei Variationen zu diesem Thema, unterschiedlich komponiert, aber im Grunde doch mehr oder weniger identisch. Will man Jesus in diesen drei Textvarianten beim Wort nehmen, so erscheinen die offiziellen Vertreter der Kirche und die meisten Christen untauglich für das von ihm verkündete Himmelreich.- Amen.

II. Worte Petri und Pauli

Ein jeder soll sich der obrigkeitlichen Gewalt unterordnen

Röm 13, 1

Die Briefe des Fanatikers Saulus, der Jesus von Nazareth nie begegnet ist, jedoch auf dem Wege nach Damaskus, wo er im Auftrage des Hohenpriesters Christen gefangennehmen und von dort nach Jerusalem führen wollte, eine Erscheinung des verklärten Christus gehabt haben will, die ihn zu Boden warf, zum Paulus bekehrte und ihn fortan einen fanatischen Eiferer für das Christentum werden ließ, was ihm den Rang eines Apostels eintrug, die Briefe also dieses wunderlichen Mannes sind die ältesten schriftlichen Überlieferungen des Neuen Testaments und nicht etwa die vier Evangelien. Paulus soll um das Jahr 3 unserer Zeitrechnung zu Tarsus in Zilizien von jüdischen Eltern geboren worden sein, angeblich aus dem Stamme Benjamin, war jedoch römischer Bürger und ist als solcher im Jahre 67 angeblich durch das Schwert hingerichtet worden. Gewalt rächt sich; denn als Saulus hatte er an der Steinigung des ersten christlichen Märtyrers Stephanus teilgenommen.

Paulus, sozusagen ein christlicher Odysseus, wenn auch - anders als dieser - der Liebe zu Frauen offensichtlich unfähig, wurde auf seinen von Fanatismus getriebenen Missionsreisen in alle möglichen Gegenden des mediterranen Raumes verschlagen, wußte sich immer wieder zu salvieren und durch seine Reden die Menschen zu fesseln und von der Richtigkeit des christlichen Glaubens zu überzeugen. Er schrieb Missionsbriefe an Römer, Korinther, Galater, Epheser, Philipper, Kolosser, Thessalonicher und Hebräer, aber auch solche an die Herren Timotheus, Titus und Philemon. Manche davon haben sich später als nachträgliche Fälschungen herausgestellt. Aber diese Frage soll uns hier nicht weiter interessieren; ist doch das gesamte Christentum so gründlich von Fälschungen durchsetzt und auf Fälschungen aufgebaut, daß es darauf nun wirklich nicht ankommt. Vielmehr interessiert das, was die Römische Kirche für unfehlbar wahr erklärt und als Gottes Wort zur Heiligen Schrift erhoben hat; und eben dazu gehören die oben aufgezählten Schriften des Paulus von Tarsus.

Der erste dieser umfangreichen Briefe des zum Apostel erhobenen vielgereisten Vielredners ist der an die Römer, der an Länge nichts zu wünschen übrig läßt und immerhin durchschnittlich 20 bis 25 Druckseiten umfaßt. In diesem uns durch die Kirche überlieferten Skriptum gibt es einen Passus über den Gehorsam gegen die Obrigkeit, also ein offensichtliches Politikum, das für die Christen durch die Heiligung dieser Schriften zur unabdingbaren Verbindlichkeit erhoben worden ist, ein politicum aere perennius, ein für alle Zeiten dauerndes und gültiges politisches Gebot für Christen. Wie lautet es? Man höre und staune: „Ein jeder soll sich der obrigkeitlichen Gewalt unterordnen. Denn es gibt keine Gewalt, die nicht von Gott stammt. Wo eine Gewalt besteht, ist sie von Gott angeordnet. Wer sich aber gegen die Gewalt auflehnt, lehnt sich gegen die Anordnung Gottes auf; wer sich aber gegen diese auflehnt, zieht sich das Gericht zu." (Röm. 13, 1-2)

Bis hierher reicht es eigentlich schon, aber lesen wir interessehalber weiter, bis dieser Passus zu Ende geführt ist. Da steht zu lesen: „Die Obrigkeit ist nicht für gute, sondern für schlimme Taten zum Schrecken. Willst du vor der Gewalt ohne Furcht sein, so handle gut, und wirst du bei ihr Anerkennung finden. Sie ist ja für dich Gottes Dienerin zu deinem Besten. Tust du aber Böses, so fürchte sie; denn sie trägt nicht umsonst das Schwert. Sie ist Gottes Dienerin und vollstreckt an dem die Strafe, der Böses tut. Deshalb muß man sich ihr unterordnen, nicht nur um der Strafe, sondern auch um des Gewissens willen. Aus diesem Grunde entrichtet ihr ja auch Steuern. Sie sind Gottes Beamte, die diesem Dienste obliegen. So gebt denn jedem, was ihr schuldig seid: Steuer, wem Steuer, Zoll, wem Zoll, Ehrfurcht, wem Ehrfurcht, Achtung, wem Achtung gebührt." (Röm. 13, 3-7)

So einfach ist das, so simpel, so schafs-christlich. Die Finanzbeamten als Diener Gottes, ein Hitler in all seiner obrigkeitlichen Gewalt ein Diener Gottes, die von ihm eingesetzten KZ-Kommandanten gerecht Strafende und ebenfalls Diener Gottes in Vollstreckung satanischer Vernichtungs- und Ausrottungsbefehle und so weiter und so fort. Willkür auf der einen, Furcht und Schrecken auf der anderen Seite sind damit Tür und Tor geöffnet. Man braucht nur, nein, man muß gehorchen, blind, brav, obrigkeitsergeben, dann ist alles in Ordnung, dann tut man, was Gottes Diener wollen.

Man kann die schärfste Lupe und den allerschärfsten Verstand zu Hilfe nehmen, weder mit diesen noch mit anderen Mitteln ist in den zitierten Anweisungen des Paulus die geringste Differenzierung zu erkennen, kein noch so winziges Wenn und Aber.

Zu Pauli Zeiten war diese Anweisung an die christlichen Schafe in Rom sicher ein zeitgemäßes Politikum. Die aufkommende junge Religion wollte sich der staatlichen Anerkennung, Unterstützung und Förderung versichern. So dumm, wie der Text des Apostels uns heute vorkommen will, war er gewiß damals nicht; denn hier sollten Staat und christliche Religion als gottgewollte Kräfte, Mächte und Gewalten in eins verschmelzen, sollte die eben gestiftete neue Religion, deren Prätendent neben Petrus eben jener Neo-Apostel Paulus war, staatlich inthronisiert werden, was bei Fortsetzung dieser Methoden, dieser Ergebenheitsadressen denn auch unter Kaiser Konstantin I., dem Großen, der von 306 bis 337 in Rom regierte, schließlich gelang. Er bestätigte das von Galerius 311 erlassene Toleranzedikt gegenüber den Christen, führte die Sonntagsheiligung ein, baute Kirchen, gab den Bischöfen Gerichtshoheit und ließ sich sogar auf dem Sterbelager taufen. Viel später tauchte dann noch eine gefälschte Urkunde auf, die sogenannte Konstantinische Schenkung, in der der verblichene Konstantin posthum den Vorrang Roms über alle Kirchen anerkannte, dem Papst kaiserliche Abzeichen und den Lateranpalast in Rom verlieh sowie die Herrschaft über die Stadt, Italien und alle abendländischen Provinzen des römischen Reiches. Diese noch vom Mittelalter für echt gehaltene gefälschte Urkunde entstand wahrscheinlich in der Mitte des 8. Jahrhunderts in Rom und sollte als Stütze für die Ansprüche des Papsttums auf die Herrschaftsrechte in Italien dienen. Erst im 15. Jahrhundert, also 700 Jahre später, konnten italienische Humanisten die Fälschung nachweisen, was aber an den inzwischen ausgedehnten Machtverhältnissen und Machtansprüchen der Kirche nicht das geringste geändert hat. Die staatliche Obrigkeit, die der heilige Paulus noch so hoch auf den Sockel gehoben hatte, hatte sich mittlerweile von den Christen, jenen Wölfen in Schafspelzen, einlullen, entmachten und unter Kuratel stellen lassen. Aber wo immer sie stark geblieben ist oder neu erstarkte, wie zum Beispiel hierzulande 1933, wußte sich die Kirche mit ihr zu arrangieren und ihre Schäflein im Gehorsam ihrer Gewalt zu unterstellen.

So gab es denn auch keinen Protest der Kirche gegen Hitlers Konzentrationslager, gegen seine Judenvernichtung, gegen seine Kriege und völkervernichtenden Ausrottungsstrategien. Nein, „ein jeder soll sich der obrigkeitlichen Gewalt unterordnen".

Frühzeitig aber wußte man, um bei diesem neuzeitlichen Abschnitt der Geschichte und Kirchengeschichte noch einen Augenblick zu verweilen, mit Nazi-Deutschland schon am 22. Juli 1933 ein Konkordat, also eine herzliche Übereinkunft abzuschließen, das auch der Kirche ihr Beutestück an der Machtergreifung sicherte, übrigens bis heute; denn dieses Konkordat ist gültig geblieben und setzt stellenweise sogar das am 8. Mai 1949 beschlossene Grundgesetz der Bundesrepublik Deutschland außer Kraft. Konkordatsrecht bricht Grundrecht! Dieses Konkordat sichert der Kirche bis heute alle Rechte, die sie in unserm Staat gegenüber Obrigkeit, Christen und Nichtchristen, wahrnimmt und konsequent zu vertreten und zu wahren weiß. Dieses Konkordat war der Preis, den Hitler für die Hörigkeit der Katholiken seiner Obrigkeit gegenüber zahlte, und entsprechend haben Papst und Bischöfe ihm gegenüber Stillhalten beobachtet und stillschweigend seine ganz Europa überziehenden Verbrechen geduldet. Die Obrigkeitshörigkeit der evangelischen Christen stand ohnehin auf Grund des Pauluswortes an die Römer, durch Luther eigens bekräftigt, außer Frage.

In Pauli Sinne zieht sich nicht nur jeder Revolutionär das Gericht zu, sondern jeder, der staatliche Obrigkeit kritisiert oder angreift. Nicht einmal die Opposition innerhalb einer demokratischen Verfassung findet Duldung in der durch die Kirche zum Wort Gottes erhobene Briefstelle des heiligen Mannes. Die Kirche ist - wenn regionsweise auch nur verkappt - durch und durch antidemokratisch, jedoch totalitär diktatorisch angelegt.

Einen Vorteil nur hat dieser Brieftext des Paulus: an ihm läßt sich der grundsätzliche Unterschied zwischen Moral und Ethik, die vollständige Unvereinbarkeit beider Begriffe und Verhaltensweisen auf sehr einfache und klare Weise verdeutlichen. Moral ist blinder Gehorsam und rechtfertigt blinden Gehorsam gegenüber jeglicher Obrigkeit, selbst in der Ausführung abscheulichster Verbrechen. Ethik verhält sich verantwortlich auf Grund eigener Kenntnis, Erkenntnis und durchdachter freier Entscheidung, die keiner anderen Rechtfertigung bedarf als der Identität mit der an der eigenen Integrität orientierten Gewissensinstanz, die kein implantiertes und indoktriniertes Über-Ich im Sinne Freuds ist, sondern das auf Rechtsgüterschutz bedachte aufrichtige Bestehen vor der eigenen als richtig erkannten Verantwortung. - Amen.

Das Sinnen des Fleisches ist gottfeindlich

Röm. 8, 7

Es gehört zu den Tragödien der Menschheit, daß diese sich seit urdenklichen Zeiten unter die Gesetze verschiedenartigster Religionen gestellt sah und sich den Zwängen dieser Gesetze fügen mußte, so unsinnig und widersprüchlich in sich diese auch sein mochten. Aber solche Gesetze wurden seit eh und je wie Totempfähle, wie unantastbare Tabus aufgestellt, durften nicht einmal, wie wir heute sagen würden, hinterfragt werden, sondern hatten als unumstößliche Glaubenswahrheiten akzeptiert zu werden, obschon sie häufig Unsinnigkeiten und logische Widersprüchlichkeiten enthielten, bei deren Wahrnehmung man sich heute nur noch an den Kopf fassen kann.

Solche Nonsens-Sätze enthalten auch die Briefe des Apostels Paulus an die verschiedenen Völkerschaften, die er von seinen unermüdlichen Missionsreisen losließ. So steht etwa im Brief an die Römer der wohl allen Christen geläufige Satz: „Das Sinnen des Fleisches ist gottfeindlich, ordnet sich dem Gesetze Gottes nicht unter und vermag es auch nicht. Die dem Fleische leben, können Gott nicht gefallen." (Röm. 8, 7-8)

Obwohl dieses Zitat an Deutlichkeit nichts zu wünschen übrig läßt, ist es doch mißlich, kurze Textstellen aus dem Zusammenhang zu lösen und isoliert zu interpretieren, so daß wir dem Verfasser Paulus, um ihm gerecht werden zu können, das Wort nicht vorn und hinten abschneiden möchten.

Dieser offensichtlich unglückliche Mann, der wohl nicht umsonst seine inneren Schwierigkeiten in maßlose äußere Aktivitäten umsetzte, war offensichtlich ein pathologischer Fall, und es ist eigentlich zu verwundern, daß noch kein irrenärztlicher Promovend ihn zum Gegenstand einer gründlichen wissenschaftlichen Untersuchung gemacht hat. Jedenfalls scheint dieser Apostel beständig über die eigenen Füße gestolpert zu sein und immerzu im Gefecht gelegen zu haben mit sich selbst auf Grund seiner dualistischen Anschauung über Geist und Fleisch, die er beide nicht miteinander in Einklang zu bringen wußte.

Blenden wir, um diesen Wirrkopf etwas näher kennenzulernen, in seinen Brief an die Römer im 7. Kapitel bei Vers 14 ein. Da liest der erstaunte Christ - oder Nichtchrist - folgendes:

„Wir wissen, daß das Gesetz geistig ist. Ich aber bin fleischlich, an die Sünde verkauft. Ich weiß nicht, was ich tue. Denn ich tue nicht, was ich will (das Gute), sondern ich vollbringe, was mir verhaßt ist (das Böse)." (Röm. 7, 14-16)

Diese bemerkenswerte Selbsterkenntnis des heiligen Mannes dürfte wohl noch von keiner kirchlichen Kanzel dem gläubigen Volk verkündet worden sein. Ein willensschwacher Apostel, der das Gegenteil von dem tut, was er will, und dabei kommt Böses heraus. Paulus fährt fort:

„Wenn ich aber tue, was ich nicht will, so gebe ich damit dem Gesetze recht, daß es gut ist. Dann aber handle nicht mehr ich, sondern die Sünde, die in mir wohnt. Ich bin mir ja bewußt, daß in mir, das heißt in meinem Fleische, nicht das Gute wohnt. Der Wille zum Guten ist zwar da, aber es fehlt am Vollbringen. Ich tue eben nicht das Gute, das ich will, sondern das Böse, das ich nicht will." (Röm 7, 16-19)

Was hat er denn nur getan, der Gute, der gute Böse? Er hat es seinen Briefempfängern nirgend gebeichtet, und bei seinem Stachel im Fleische, diesem Satansboten (2. Kor. 12, 7) sind wir auch nur auf Vermutungen angewiesen. Das pathologische Wettern wider die Fleischeslust kehrt bei Paulus zwanghaft so häufig wieder, daß wir darauf verzichten müssen, diese ganze Zitatensammlung hier zusammenzutragen, obwohl sie in besonderer Weise offensichtlich machen würde, daß die Leib- und Lustfeindlichkeit des Christentums durch diesen ersten aller Verkündigungsboten den frühen christlichen Gemeinden geradezu eingehämmert worden ist. Fahren wir aber weiter in seinem Brief fort bis zu der anfangs von uns zitierten Stelle. Da heißt es weiter:

„Wenn ich aber tue, was ich nicht will, so vollbringe nicht mehr ich es, sondern die Sünde, die in mir wohnt. Und so finde ich das Gesetz vor: Wenn ich das Gute tun will, liegt mir das Böse näher. Dem inneren Menschen nach habe ich zwar Freude am Gesetz Gottes. Aber ich nehme in meinen Gliedern ein anderes Gesetz wahr, das im Streit liegt mit dem Gesetz meines Geistes. Es macht mich zum Gefangenen unter dem Gesetz der Sünde, das in meinen Gliedern herrscht." (Röm. 7, 20-23)

Welch ein bemitleidenswerter blödsinniger Mensch! Bemitleidenswerter und blödsinniger aber noch all diejenigen, die diesen mit sich selbst zerfallenen Menschen zur Apostelfigur aufgestellt, zum Vorbild genommen und seine krankhaften Worte zur Richtschnur erhoben, als Heilige Schrift vergöttert haben. Mit solchen Maximen läßt sich allerdings die Menschheit trefflich unterwerfen.

Daß es mit ihm nicht so ganz richtig sein kann, hat Paulus denn auch selber eingesehen und bekannt, nur hat er aus dieser Einsicht keine vernünftigen Folgerungen gezogen, sondern ist in seinem dem Zustand der Besessenheit ähnlichen Fanatismus durch Land und Meere, durch Städte und Provinzen weitergetobt. Hören wir aber, was es in seinem Brief an die Römer im folgenden noch zu lesen gibt:

„Ich unglücklicher Mensch! Wer erlöst mich von diesem todgeweihten Leibe? Dank sei Gott durch Jesus Christus, unsern Herrn! Somit diene ich für mich dem Geiste nach dem Gesetz Gottes, dem Fleische nach aber dem Gesetze des Sünde." (Röm 7, 24-25) Was soll da noch der Dank dieses verworrenen, innerlich zerrissenen Mannes, den er über die Zwischenstation Jesus Christus an Gott sendet? Der Dank eines Masochisten dafür, daß er leiden darf?

Nicht nur ohne jeden logischen Zusammenhang, sondern auch im direkten Widerspruch zum eben Niedergeschriebenen, fügt der fleischgeplagte Apostel nun sein 8. Kapitel nahtlos an und behauptet: „Daher findet sich in denen, die in Christus sind (und nicht nach dem Fleische wandeln) nichts Verdammungswürdiges mehr. Denn das Gesetz des Geistes, der das Leben in Christus Jesus gibt, hat dich vom Gesetz der Sünde und des Todes befreit. Was nämlich das Gesetz nicht vermochte, weil es infolge des Fleisches zu schwach war, das hat Gott bewirkt." (Röm. 8, 1-3)

Das verstehe einer. Da kann man Ohren haben, zu hören, und Augen, um zu sehen, Verstand, um zu verstehen. Das Gesetz war infolge des Fleisches zu schwach und vermochte nichts, was aber dann doch Gott bewirkte. Das Fleisch also hat sich selbst des Gesetzes bemächtigt? Lassen wir den heiligen Paulus bei seinen heiligen Phantasien über diese unbefragt und lesen weiter in seinem Brief an die Römer:

„Er hat seinen eigenen Sohn in der Gestalt des sündigen Fleisches und um der Sünde willen gesandt und die Sünde an seinem Fleische verurteilt." (Röm. 8, 3) Eine fleischige Angelegenheit, die sich da Gott mit seinem angeblichen Sohn hat einfallen lassen. Der also mußte in sündiges Fleisch schlüpfen, und da nach Paulus das Fleisch immer und überall und ausnahmslos - als Antagonist zum Geist und zum Gesetz - grundsätzlich sündig ist, so mußte also der bedauernswerte Sohn Gottes in dieses sündige und auch durch ihn unter keinen Umständen zu entsündigende Fleisch hinein, mußte sich als reiner Sohn Gottes angeblich dreiunddreißig Jahre mit diesem sündigen Fleisch durch die Lande schleppen und erfuhr dann - laut Paulus - schließlich auch, wie die Sünde an seinem Fleisch verurteilt wurde, nämlich, wie wir alle wissen, durch die Quälereien von Geißelung und Kreuzigung. Die Verrücktheiten gehen aber noch weiter, wir sind mit dem dualistischen paulinischen Fleisch-Geist-Gottesmärchen noch nicht zu Ende. Es kommt noch besser:

„So sollte die Vorschrift des Gesetzes an uns erfüllt werden, die wir nicht mehr nach dem Fleische wandeln, sondern nach dem Geiste." (Röm. 8, 4) Um Vergebung, heiliger Paulus, wenn ich Ihrem heiligen Gedächtnis ein wenig aufzuhelfen mich unterfangen darf: einige Sätze zuvor, gegen Ende des 7. Kapitels Ihres epochalen Römerbriefes wandelten Sie noch kräftig im Fleische. Nun gut, jetzt also nicht mehr. Dank Gott und Jesus Christus wurden Sie in Windeseile von Ihrem todgeweihten Leibe erlöst und konnten daraufhin Ihr 8. Kapitel beginnen, in dem wir nun wieder fortfahren wollen:

„Die nach dem Fleische leben, sinnen auf das, was das Fleisch will; die nach dem Geiste leben, sinnen auf das. was der Geist will. Das Sinnen des Fleisches führt zum Tod, das Sinnen des Geistes zum Leben und Frieden. Das Sinnen des Fleisches ist gottesfeindlich, es ordnet sich dem Gesetze Gottes nicht unter und vermag es auch nicht. Die dem Fleische leben, können Gott nicht gefallen." (Röm. 8, 5-8)

Daraus ist zu folgern, daß Gott selbst gottfeindliches Fleisch geschaffen hat, das sich seinem Gesetz nicht unterordnet. Eine göttliche Fehlkonstruktion? - Sodann rückt die kühne Fleischbeschau des Paulus, natürlich geistigerweise gemeint, den Herrn Jesus theologisch übrigens in ein verdächtiges Licht. Der nämlich wurde in der Gestalt nicht nur des Fleisches, nein, des sündigen Fleisches, wie Paulus ausdrücklich schreibt, gesandt, und Gott hat die Sünde an seinem Fleische denn auch verurteilt; wie, das wissen wir. Und warum? Weil - nach Paulus - das Sinnen des Fleisches gottfeindlich ist, sich dem Gesetz Gottes nicht unterordnet und sich diesem auch nicht unterzuordnen vermag. Gottes Sohn lebte also demnach als Gottes Sohn in einem gottfeindlichen Fleisch, das sich dem Gesetz Gottes weder unterordnete noch auch unterzuordnen vermochte. Hat er darum, wie Hubertus Mynarek dankenswerterweise in seinem verdienstvollen Buch „Jesus und die Frauen" detailliert an Hand der Schrift nachgewiesen hat, so fröhlich gehurt, gefressen und gezecht? Er war, der von sich selbst überzogene Jesus, trotz seiner Flüche und Höllendrohungen kein Kostverächter und hat sein von Mäzenen und vor allem von Mäzeninnen lukrativ begünstigtes Wanderleben weidlich zu genießen gewußt. Er hat sich nicht mit den krankhaften dualistischen Fleisch-Geist-Theorien eines Paulus abgeplagt. Er hat wohl anderen fleißig Vorschriften gemacht, sich selber aber keine. Und nun hören wir von seinem auf dem Wege nach Damaskus von ihm angeworbenen Neo-Apostel Paulus, das Sinnen auch seines Fleisches sei gottfeindlich gewesen. Ein wegen seines sündigen Fleisches gottfeindlicher Gottessohn also? Oder sind wir jetzt mit unserer ungeweihten Theologie auf den Holzweg geraten und sollten uns lieber doch wieder an der einzig wahren Lehre der Kirche orientieren?

Das hieße allerdings, abermals den eigenen Verstand abliefern, wie schon in der Taufe symbolisch geschehen, wie durch Beichten und Sakramentsempfänge kontinuierlich wiederholt. Denn nicht nur das Sinnen des Fleisches ist gottfeindlich, auch das Sinnen des klaren Verstandes muß es werden, sofern dieser gründlich von seinen Denkkräften Gebrauch macht. - Amen.

Ihr Frauen, seid euern Männern untertan

1 Petr. 3, 1

Katholische Theologen setzen die Abfassung des ersten Petrusbriefes auf das Jahr 63 oder Anfang 64 unserer Zeitrechnung. Wo und wie der ehemalige Fischer vom See Genesareth das Schreiben erlernt hat, wird nirgend gesagt. Entweder hatte er unbezahlten Privatunterricht beim Heiligen Geist nehmen können, der seine Getreuen am ersten Pfingstfest, als er in Form von feurigen Zungen auf sie herabflammte, in vielen Zungen, d. h. Sprachen reden ließ, oder Petrus verfügte schon damals über einen ersten päpstlichen Privatsekretär. Jedenfalls hat der Heilige Geist dem heiligen Petrus, dem von der Kirche für den ersten Papst erklärten Apostel, die Feder zu führen gewußt, als er, angeblich in der am Tiber (und nicht am Euphrat) gelegenen Stadt Babylon seinen ersten Brief an die bedrängten und gefährdeten Christen in Kleinasien verfaßte.

In diesem Brief macht Petrus oder der Pseudo-Petrus seinen christlichen Briefempfängern u. a. die Pflichten der Unterdrückten klar, zum Beispiel die Pflichten gegen jegliche Obrigkeit, die in der völligen Unterwerfung bestehen. Meine freundlichen Leserinnen und Leser mögen das nachlesen in 1 Petr. 2, 11-17. Der nächste Text in diesem zu den heiligen Schriften gehörenden Brief ist den Sklaven gewidmet.

Die nämlich sollen in aller Furcht ihren Herren untertan sein, auch den mürrischen. Willkür wird den Herren grundsätzlich zugestanden. Ihre Sklaven sollen aus Gewissenhaftigkeit gegen Gott und ihm wohlgefällig Übles erdulden und unschuldig leiden. Diese Leiden, so wird noch einmal betont, sind Gott wohlgefällig. Wer es nicht glauben möchte, möge es nachlesen in 1 Petr. 2, 18-21.

Anschließend daran wendet sich der erste Papst, für den er nun mal von der Kirche gehalten wird, auf seinem babylonischen Stuhl, der ersten katholischen Cathedra, sitzend, den Frauen zu, die gleich nach den Sklaven kommen, insofern nämlich, als sie in der Urkirche allenfalls ein halbes Stüfchen höher stehen als jene lebendige Ware. Während die Pflichten der Sklaven im 2. Kapitel des Petrusbriefes abgehandelt werden - wer Augen hat zu sehen, der lese! -, beginnt die Sache mit den

Frauen mit dem 3. Kapitel. Es schließt an das für die Sklaven an und beginnt mit dem scheinbar unschuldigen, für uns aber verräterischen Wörtchen: „Ebenso". Wir wollen niemand Unrecht tun und sehen uns auch andere Bibelübersetzungen an. In der Vulgata des Hieronymus heißt dieses wichtige Wörtchen: „similiter". Das Kleine lateinisch-deutsche Handwörterbuch von Dr. Georges, Professor in Gotha, erschienen 1869 in Leipzig, immerhin trotz seiner Kleinheit 2 615 (!) Seiten umfassend, gibt über dieses „similiter" des Hieronymus folgende Auskunft: „ähnlich, auf ähnliche Art, (fast) ebenso, auf gleiche Art". Der alte Luther benötigt dafür, jedenfalls noch in seiner „Revidierten Ausgabe" von 1889, zwei Wörter: „desselben gleichen" (sollen die Weiber ihren Männern unterthan sein). Wollen wir uns auf das Wörtchen „ebenso" einigen, das mehrere katholische Bibelausgaben an dieser Stelle für richtig halten? Nun denn, so können wir also beginnen mit Kapitel 3 des ersten Petrusbriefes, der ersten päpstlichen Enzyklika, wenn man so will, bloß noch um einige Grade heiliger und vom Heiligen Geist erfüllter:

„Ebenso, ihr Frauen, seid euren Männern untertan. Dann werden solche, die dem Worte nach nicht gehorchen, durch den Wandel der Frauen auch ohne Worte genommen werden, wenn sie euren gottesfürchtigen lauteren Wandel sehen. Euer Schmuck bestehe nicht in äußerlichen Dingen, in Haargeflecht, goldenen Spangen und prächtigen Kleidern. Wert vor Gott hat nur der verborgene innere Mensch mit seinem unveränderlich sanften und ruhigen Gemüt. Damit schmückten sich einst die heiligen Frauen, die ihre Hoffnung auf Gott setzten und ihren Männern unterwürfig waren. So gehorchte Sara dem Abraham und nannte ihn 'Herr'. Ihr seid deren Töchter, wenn ihr euch im rechten Verhalten durch keine Drohung einschüchtern laßt. Ebenso sollt ihr Männer mit euren Frauen als dem schwächeren Teil verständig umgehen. Erweist ihnen Achtung als den Miterben der Gnade des Lebens. So wird euer Gebet nicht beeinträchtigt." (1 Petr. 3, 1-7)

Darin gipfelt die ganze Sache: das Gebet der Männer soll nicht beeinträchtigt werden, und eben deshalb sollen sie mit den Frauen verständig umgehen. Das verständige Umgehen ist jedoch vom Verstand des einzelnen abhängig, und wenn der „Herr" es für verständig hält, seine Frau bei passender Gelegenheit kräftig durchzuprügeln, um sie an ihre Untertänigkeit handgreiflich zu erinnern, so ist eben das als „verständig" abgesegnet. Diese Art eheherrlichen Umgangs mit Ehefrauen ist - so viel mir berichtet - noch heute in slawischen Lebenskreisen gängig. Die Peitsche über dem Bett gehört immer noch zu den hausgebräuchlichen Gegenständen, da brauchen wir gar nicht erst Friedrich Nietzsche zu bemühen, in dessen „Zarathustra" zu lesen steht: „Du gehst zu Frauen? Vergiß die Peitsche nicht!" (Von alten und jungen Weiblein).

Die Anweisung des angeblich ersten Papstes an die Frauen, ihren Männern untertan und unterwürfig zu sein, subditae et subjectae (laut Vulgata), ist bis heute durch keine vatikanische Proklamation widerrufen, durch keine päpstliche Enzyklika außer Kraft gesetzt worden. Die an unsere emanzipierte Gesellschaft weithin angepaßte Kirche vermeidet es heute zwar, den Frauen diese rigorosen Pflichten vorzuhalten, weil sie sich sonst in Widerspruch zu allzu vielen Menschen setzen und sie von der Kirche abspenstig machen würde. Aber das gilt nur für unsere Breiten. Fragen wir lieber nicht danach, wie es in jenen Ländern aussieht, wo die Kirche noch heute unumwunden herrscht. Schon in den mediterranen Ländern gebärden sich die Geistlichen auf den Kanzeln anders als bei uns und verkündigen andere Texte. Wie erst sieht das aus in den lateinamerikanischen Ländern und in allen jenen Distrikten der Erde, wo die Kirche noch über die Armen, auch die Armen im Geiste, unumschränkt herrschen kann.

Wie dem auch sei, die Versklavung der Frau, „ebenso" eingestuft wie die Sklaven selbst, ist nicht durch die Kirche aufgehoben und außer Kraft gesetzt worden. Sie hält fest an den Grundsätzen ihres ersten sogenannten Papstes, auch wenn sie diese in unseren Breiten nicht mehr laut zu verkünden wagt. Sie würde dadurch noch unglaubwürdiger, als sie es ohnehin schon ist. - Amen.

Die Frau soll in Stille und aller Unterwürfigkeit Belehrung suchen

1 Tim. 2, 11

Die Briefe, die der Apostel Paulus an die Herren Timotheus und Titus geschrieben haben soll, werden von der Katholischen Kirche als Pastoral- oder Hirtenbriefe bezeichnet. Seit den ältesten Zeiten hat die Kirche im Morgen- und Abendland sie als kanonisch, das heißt als zur göttlich offenbarten Heiligen Schrift zugehörig anerkannt und benutzt. Sie sind erwähnt beim heiligen Irenäus, der bereits 177/178 Bischof von Lyon war und eine Rolle spielte als Bekämpfer von Häresien und als Vermittler im Osterstreit zwischen Rom und Kleinasien. Dieser Irenäus gilt als Vater der katholischen Dogmatik.

Auch Origines erwähnt diese Briefe des Paulus, und Origines, der um 185 in Alexandria geboren wurde und etwa 253/254 in Tyrus starb, gilt als der bedeutendste Gelehrte des christlichen Altertums, war aber nicht unumstritten unter den griechischen Theologen des 3. bis 5. Jahrhunderts. Als Lehrer der alexandrinischen Katechetenschule wurde er 230/231 von seinem Bischof nach Caesarea in Palästina vertrieben, und da er eine gründliche philosophisch-platonische Bildung besaß, fing er an, das Christentum mit Hilfe allegorischer Schriftauslegung wider Willen völlig umzudeuten und zu spiritualisieren, fühlte sich aber dennoch immer als treuer Kirchenchrist und blieb 250 in der Verfolgung durch den römischen Kaiser Decius trotz schwerer Folter darin standhaft. Ende des 4. Jahrhunderts begann der Streit um seine Rechtgläubigkeit, der 553 auf dem ökumenischen Konzil von Konstantinopel zu seiner Verurteilung führte. Gleichwohl wird er weiterhin von der Kirche als Kirchenlehrer in Anspruch genommen, wenn es ihr ins Konzept paßt.

Wie dem auch sei, Origines hielt jene Paulus-Briefe für echt und verbindlich. Aber so weit brauchen wir gar nicht zurückzugreifen. Am 12. Juni 1913 fällte die vom Papst eingesetzte Bibelkommission die Entscheidung, Paulus sei als der Verfasser jener Pastoralbriefe anzusehen, und ihre Abfassung falle in die Zeit zwischen dem Ende seiner ersten römischen Gefangenschaft und seinem Tode. Es handelt sich also sozusagen bei diesen Briefen um späte Erkenntnisse des Paulus.

Timotheus, der eine Empfänger jener Briefe, war ein langjähriger Begleiter des Paulus auf seinen Reisen, also wohl auch sein Vertrauter. Soviel zur Vorgeschichte.

Blättern wir nun im ersten Brief Pauli an seinen getreuen Gefolgsmann, wo es um das richtige Verhalten beim Gebet geht, und blenden wir ein in den Originalton des Briefschreibers. Paulus, von seiner apostolischen Autorität inzwischen voll überzeugt, schreibt:

„Ich will, daß die Männer frei von Zorn und liebloser Gesinnung sind und überall reine Hände zum Gebet erheben. Desgleichen sollen die Frauen in wohlanständiger Haltung erscheinen, sich mit Züchtigkeit und Sittsamkeit schmücken, nicht mit Haargeflecht, Gold- und Perlengeschmeide und kostbaren Kleidern. Vielmehr geziemt es sich für Frauen, ihre Gottesfurcht durch gute Werke an den Tag zu legen. Die Frau soll in Stille und aller Unterwürfigkeit Belehrung suchen. Ich gestatte der Frau nicht, das Lehramt auszuüben. Sie soll auch nicht über den Mann herrschen wollen, sondern soll sich still zurückhalten. Denn Adam wurde zuerst geschaffen, dann erst Eva. Und nicht Adam ließ sich täuschen, sondern das Weib ließ sich betören und kam so zu Fall. Doch erlangt sie das Heil in der Mutterschaft, wenn sie in Glauben, in Liebe, in Heiligung und Sittsamkeit verharrt." (1 Tim. 2, 8-15)

Dem brauchen wir eigentlich nichts hinzuzufügen, außer dem nochmaligen Hinweis, daß es sich hier um einen kanonischen Text handelt, wobei es uns völlig gleichgültig sein kann, ob ihn Paulus oder einer seiner Nachäffer verfaßt hat. Es steht so in der Heiligen Schrift, und da sollen wir uns wundern, wenn der Papst auf seinen Reisen durch die Länder das Gesicht zur grimmigen Grimasse verzieht, sobald ihm seine christlichen Frauen Ansprüche auf Lehramt, auf Gleichberechtigung, auf ein Mitspracherecht bitt- und kniefällig vortragen?

Der andere Briefempfänger, der von Paulus Ähnliches schriftlich bekommen haben soll, war der heilige Titus, der Paulus auf der Reise zum Apostelkonzil begleitete und später zum Oberhirten von Kreta eingesetzt worden ist. Von dort soll er den Paulus um ein weg- und richtungweisendes Schreiben gebeten haben; denn die Kreter waren nicht leicht oberhirtlich zu handhaben; man befand sie für unsittlich und betrügerisch, sie hatten keine geordneten Verhältnisse im Sinne kirchlicher Lehre und hatten ein offenes Ohr für „Irrlehrer", waren also auch anderen Informationen als denen des Titus zugänglich.

Was empfiehlt nun der angebliche Paulus in seinem Brief dem Titus? Wir kürzen etwas ab und nehmen hier nur den Passus, der sich auf die Frauen bezieht. Den Kontext kann jeder Leser in seiner Bibel nachschlagen und die Leserin ebenso. Paulus schreibt:

„Desgleichen seien die älteren Frauen in ihrem Benehmen würdevoll, nicht verleumderisch, nicht dem Trunk ergeben, Lehrerinnen der guten Sitte. Sie sollen die jüngeren Frauen dazu anleiten, ihre Männer und Kinder zu lieben, besonnen, züchtig (sittsam), häuslich, gütig und ihren Männern unterwürfig zu sein, damit das Wort Gottes nicht gelästert wird." (Tit. 2, 3-5)

Zur Begründung übrigens für die unterwürfige Rolle der Frau nimmt der Briefschreiber jene dubiose Paradiesesgeschichte, wonach Eva von Gott aus einer Rippe des Adam gebildet wurde, sozusagen ein zweiter Aufguß der menschlichen Schöpfung, und sich dann durch die Schlange täuschen und verführen ließ. Daß sich der über die Frau herrschende Mann eben von dieser herumkriegen ließ, in die verbotene Frucht zu beißen, wird ihm von Paulus nicht angelastet. Diese Parabel, an die heute kein vernünftiger Mensch mehr glaubt, gilt jedoch weiterhin ebenso als Gottes unverbrüchliches und unumstößliches Wort wie die daran geknüpften Moralvorschriften des Paulus gegen die Frauen.

Nur über eins kann man sich dabei nicht genug wundern: daß noch heute die Schafe millionenweise in die Kirchen strömen, sich diesen Unfug vorpredigen lassen, ihn glauben, sich in den Beichtstühlen erniedrigen und sich nicht schon längst dazu aufgerafft haben, den in vielfacher Hinsicht Unsegen stiftenden Papst von seinem Thron zu stürzen, die Bischöfe und Pfaffen mit ihrem erlogenen Himmelszauber und den noch viel schädlicheren widervernünftigen grausamen Höllendrohungen zum Teufel zu jagen und ihren unermeßlichen Reichtum, wie das Evangelium empfiehlt, unter die Armen zu verteilen. Dann würde endlich einmal das Angesicht der Erde erneuert werden können, wie es bisher nur in frommen Gebetslügen zu lesen und zu hören war. - Amen.

Habt keinen Verkehr mit Unzüchtigen!

1 Kor. 5, 10

Korinth war zu der Zeit, als Paulus, predigend und gegen die Sittenlosigkeit wütend, umherzog, eine blühende Handelsstadt, in der Wohlstand und Reichtum herrschten, so daß man in Üppigkeit ein lockeres Leben genoß. Abgesandte der christlichen Gemeinde hatten diese schlimmen Dinge dem Paulus mündlich überbracht und ihm berichtet, daß zum Beispiel selbst christliche Frauen ein allzu freies Verhalten zeigten, daß die Liebesmahle ausarteten, und daß man sogar anfing, die Lehre von der Auferstehung der Toten zu bezweifeln. So sah sich denn Paulus als gestrenger Sittenrichter veranlaßt, den korinthischen Glaubensgenossen brieflich gehörig den Kopf zurechtzusetzen. Nun ja, und wenn ein Apostel sein strafendes Unwetter auf seine Zeitgenossen herabzuschleudern sich veranlaßt sieht, so wird eine solche Drohpredigt gleich verallgemeinernd zur Heiligen Schrift erhoben, in den Kanon der Gottesoffenbarungen aufgenommen.

Geben wir nun dem heiligen Paulus Gelegenheit, gehörig Luft abzulassen über die sittlichen Mißstände in Korinth. Die uralte briefliche Predigt wird seither fast zweitausend Jahre verkündigt und hat insofern bis heute ihre volle Gültigkeit behalten. Was lesen wir da im ersten Korintherbrief?

„Überhaupt hört man von Unzucht unter euch, und zwar von solcher Unzucht, wie sie nicht einmal bei den Heiden vorkommt. Einer lebt mit der Frau seines Vaters zusammen. Und da seid ihr noch stolz, anstatt Trauer zu zeigen, damit ein solcher Frevler aus eurer Mitte ausgeschlossen wird? Ich bin zwar dem Leibe nach abwesend, im Geiste aber unter euch und habe bereits, als wäre ich anwesend, mein Urteil über den Übeltäter gefällt: Ihr und mein Geist vereinen sich im Namen des Herrn Jesus (Christus) und überliefern in Vollmacht unseres Herrn Jesus jenen Menschen dem Satan zum Verderben des Fleisches, damit sein Geist am Tage des Herrn Jesus (Christus) gerettet wird." (1 Kor. 5, 1-5)

Hier wollen wir einen Augenblick unterbrechen, ehe wir dem zürnenden Paulus wieder das Wort geben. Er hat das Urteil über jenen Mann gefällt, der mit der vermutlich jungen Frau seines alten Vaters angebandelt hatte. Wir kennen den Fall nicht näher, um uns ein Urteil bilden zu können. Aber so etwas kam damals vermutlich in den besten Familien in Korinth vor. Jesus hatte in einem vergleichbaren Fall gesagt: „Wer unter euch ohne Sünde ist, werfe den ersten Stein." Damals stand die Steinigung einer Ehebrecherin zur Frage. Diesmal ist es ein junger Ehebrecher, und Paulus bricht über ihn den Stab im Namen und in Vollmacht des gleiches Jesus, der jetzt meist den Namen Christus, der Gesalbte, erhält. Woher nimmt Paulus seine Vollmacht, wo doch Jesu Lehre von ihm als dem wütenden Fanatiker kurzerhand auf den Kopf gestellt wird? Allerdings sollten wir dabei nicht übersehen, daß Jesus selbst mit zahlreichen Höllendrohungen vorangegangen ist, und die grausamen Geschichten vom Augenausreißen, Hand- und Fußabhacken und Ersäufen mittels eines Mühlsteins werden auf den rachsüchtigen, immer zu Strafurteilen aufgelegten Paulus nicht ohne Eindruck geblieben sein. Nun also soll der junge Mann dem Satan zum Verderben des Fleisches überliefert werden, damit sein Geist am Tage des Herrn Jesus gerettet wird. Wie wohltätig und fürsorglich! Aber doch wohl eine reichlich eigenartige, pervertierte Vorstellung. Wie soll die Sache praktisch gehandhabt werden? Will Paulus ihn lebendigen Leibes in die Hölle transportieren oder in Korinth mit handfesten Folterungen versehen lassen? Am Tage des Herrn, also wohl bei der erwarteten Wiederkunft Christi am sogenannten Jüngsten Tag, dem Tag des als baldigst vorausgesagten Weltuntergangs, auf den wir immer noch warten, soll der Geist des Übeltäters gerettet werden. Am Sankt Nimmerleinstag! Bis dahin mag sein Fleisch gemäß Pauli Verdikt beim Satan in der Hölle braten.

Den nächsten Briefpassus können wir hier eigentlich überschlagen, da er von dem berühmten Sauerteig handelt, vom geschlachteten Osterlamm Christus und den ungesäuerten Broten. Aber dann geht es wieder in der bei Paulus üblichen fanatischen Redeweise weiter:

„Ich hatte euch in dem Briefe geschrieben: Habt keinen Verkehr mit Unzüchtigen! Damit meinte ich nicht allgemein die Unzüchtigen dieser Welt oder die Habsüchtigen, die Räuber oder Götzendiener. Sonst müßtet ihr ja aus der Welt hinausgehen. Jetzt aber schreibe ich euch: Verkehrt nicht mit einem, der sich Bruder nennt und dabei ein Unzüchtiger ist oder Habsüchtiger oder Götzendiener oder Gotteslästerer oder Trunkenbold oder Räuber ist. Mit solchen sollt ihr nicht einmal zusammen essen. Was soll ich denn die Außenstehenden richten? Habt ihr nicht die drinnen zu richten? Die Außenstehenden wird Gott richten. Entfernt den Übeltäter aus eurer Mitte!" (1 Kor. 5, 9-13)

Hatte nicht Jesus gesagt: „Richtet nicht!" Hatte er nicht mit den sogenannten Sündern gespeist? Paulus lehrt es anders. Er verkündet den unnachsichtigen Haß, die unbarmherzige Ausstoßung jedes Nonkonformisten aus der Gemeinde, die Ächtung. Niemand soll sich mit einem Unzüchtigen oder Habsüchtigen oder Trunkenbold abgeben. Das ist die Caritas-Sozialstation des Paulus: Weg mit ihnen zum Satan, ihr Fleisch ist gut für das ewige Höllenfeuer.

Aus dem folgenden Brieftext seien der Vollständigkeit halber noch einige Sätze herausgegriffen, etwa dieser: „Wißt ihr nicht, daß die Heiligen die Welt richten werden?" (1 Kor. 6, 2) Von diesen Richtern der heiligen Inquisition wissen wir genug, um uns mit Abscheu von ihnen abzuwenden. Nach Paulus werden diese sogar die Engel richten. (1 Kor. 6, 3) Die Anmaßung des tollwütigen Fanatikers kennt keine Grenzen! Wieviele engelreine Frauen sind tatsächlich von den teuflischen Häschern des Evangeliums gerichtet und zugrundegerichtet worden. Einige Zeilen weiter tobt sich der Hetzapostel in fluchenden Worten aus; „Unzüchtige, Götzendiener, Ehebrecher, Lüstlinge, Knabenschänder, Diebe, Habsüchtige, Trunkenbolde, Gotteslästerer, Räuber werden am Reiche Gottes keinen Anteil haben." (1 Kor. 6, 9-10) Er muß es ja wissen, der sich allmächtig gebärdende Gottesmann. Zwar verkündet er den noch kurz vorher mit allen diesen Schändlichkeiten angeklagten Briefempfängern schon im nächsten Satz, daß sie trotz all dieser Scheußlichkeiten das alles nicht betreffe, da sie abgewaschen, geheiligt und gerechtfertigt seien im Namen unseres Herrn Jesus Christus und durch den Geist unseres Gottes (1 Kor. 6, 11), nur fragt man sich, wie er nun wieder zu dieser kühnen Behauptung kommt. Aber dafür liefert er dann im folgenden den Schlüssel, wo er von sich sagt: „Alles ist mir gestattet, aber nicht alles frommt. Alles ist mir gestattet, aber ich darf mich von nichts beherrschen lassen." (1 Kor. 6, 12) Beherrschen läßt er sich von seinem unvergleichlichen Fanatismus, der ihm jeden klaren Blick für die Realität nimmt, und so fällt er denn auch im folgenden wieder über die Unzüchtigen her. Magen und Speise werden - wie er behauptet - von Gott vernichtet werden. „Hingegen ist der Leib nicht für die Unzucht da, sondern für den Herrn, und der Herr für den Leib." (1 Kor. 6, 13) Wer soll diesen Unsinn verstehen? Theologen mögen daraus ihren Sauerteig zurechtkneten, für jeden normal denkenden Menschen ist eigentlich die Zeit zu schade, sich über diese wirren Aussprüche des Paulus den Kopf zu zerbrechen.

Nachdem er nun noch einige Sätze zurechtgefaselt hat über die Glieder Christi in Bezug auf eine Buhlerin, (Jesus hatte, wie Hubertus Mynarek im einzelnen aufgezeigt hat, sehr gern, sehr häufig und sehr intensiv mit Buhlerinnen zu tun und schätzte sie! vgl. „Jesus und die Frauen") fährt Paulus unter Beendigung seines 6. Kapitels im Brief an die Korinther fort:

„Flieht die Unzucht! Jede andere Sünde, die ein Mensch begeht, bleibt außerhalb des Leibes. Wer sich aber der Unzucht hingibt, versündigt sich an seinem eigenen Leibe. Wißt ihr nicht, daß euer Leib ein Tempel des Heiligen Geistes ist, der in euch wohnt? Daß ihr somit nicht mehr euch selbst angehört? Ihr seid um einen teuren Preis erkauft. Darum verherrlicht und traget Gott in eurem Leibe!" (1 Kor. 6, 18-20)

Sollte man nicht jedes christliche Knäblein gleich nach seiner Geburt kastrieren, damit sich der Heilige Geist umso ungestörter im Tempel seines Leibes ausbreiten kann? Mit den Angehörigen der Kastratenchöre im Vatikan und vielen Kathedralen hat man es doch auch so gemacht, wenn auch deshalb, weil nicht sündige Weiber entgegen Pauli Vorschrift in der Kirche ihre Stimme ertönen lassen sollten. Diese Beschnittenen waren übrigens oft hilflose und rechtlose Waisenkinder! Jedenfalls tritt in Pauli Worten schon der Totalitätsanspruch der Kirche klar zutage. Man verfällt immer wieder in Staunen darüber, daß sich Menschen, die damals einem lebensfrohen Götter- oder Götzenkult zugewandt waren, von diesen lebensfeindlichen Hirngespinsten, die zudem noch als Drohungen ausgestoßen wurden, haben beeinflussen lassen können. Waren sie wirklich so sehr verängstigt worden durch diesen gottesirren Polterer? Oder ist die Dummheit der Menschheit über alle Zeiten hin einfach bodenlos und grenzenlos, daß man alles, aber auch alles mit ihr machen kann, wenn man sie nur als politischer oder religiöser Gaukler zu faszinieren versteht?

Es muß doch wohl so sein; denn die Geschichte lehrt es immer wieder. - Amen.

Pflegt das Fleisch nicht so, daß es lüstern wird

Röm. 13, 14

Wir wollen nicht bestreiten, daß der Apostel Paulus in seinen Schriften, wenn wir sie denn insgesamt für echt halten sollen, eine ganze Reihe von ethischen Maximen aufgestellt hat, die durchaus als beherzigenswert akzeptiert werden könnten, wären sie nicht mit leib- und lebensfeindlichen Moralvorschriften verflochten, die eigentlich auch die Erfüllung oder Befolgung jener ethischer Grundsätze zunichte machen müssen, wie es eben psychologischen Gegebenheiten entspricht. Die Befolgung solcher leib- und lebensfeindlichen Grundsätze schließt nämlich die wohlwollende mitmenschliche Zuwendung und Förderung praktisch aus, weil jegliche aufgezwungene Askese neidisch, gehässig, mißgünstig machen muß. Die Anachoreten lechzen und dürsten nach jener Lust, die ihnen verboten worden ist, und da sie sie sich nicht im direkten Wege verschaffen dürfen, wissen sie sie auf indirekten Schleichwegen durch Pervertierungen zu erreichen, immer aber unter Verdammung und Verfluchung oder Diffamierung jener, die diese ihnen verbotene Lust genießen.

Die Wechselwirkung mag an einem Beispiel Paulinischer Briefpredigt dargetan werden. Im 13. Kapitel, Vers 8-14, seines Briefes an die Römer macht der Verfasser seinen Adressaten die unterschiedlichsten Vorschriften. Den ersten Satz kann man unterstreichen, wenn man dort liest, daß die römischen Christen niemand etwas schuldig bleiben sollen außer der gegenseitigen Liebe. Allerdings ist dem nur in einem bestimmten Verhältnis zuzustimmen. Liebe schuldig zu bleiben, kann ja sowohl heißen, daß man von ihr nie genug geben kann als auch, daß man Liebe in der Tat schuldig bleibt, also das Desideratum, das Postulat, die Anforderung eben nicht erfüllt. Und das, wie ausdrücklich auch in der Vulgata gesagt, auf Gegenseitigkeit (invicem). Wer den Nächsten liebe, ergänzt Paulus, erfülle das Gesetz. Und in diesem Wort, nämlich daß man seinen Nächsten lieben oder achten solle wie sich selbst, seien die Gebote gegen das Ehebrechen, gegen das Töten, das Stehlen, das Abgeben falscher Zeugnisse, das Begehren sowie alle anderen Gebote einbegriffen. Die Liebe füge dem Nächsten nichts Böses zu, darum sei in der Liebe das Gesetz erfüllt. - Würde hier nicht immer wieder der mißverständliche Begriff „Liebe" in allen uns zugänglich gemachten Übersetzungen gewählt, so könnte man sich noch mit Paulus verständigen. Nun aber folgen dunkle Reden, die offensichtlich mit der frühchristlichen Enderwartung zu tun haben, nämlich mit dem als baldigst vorausgesagten Ende der Welt. Damit werden die Leute unter moralischen Druck gesetzt, sie werden verängstigt, und das ist schlichtweg unmoralisch. Da lesen wir denn plötzlich, das alles solle in richtiger Erkenntnis der Zeit geschehen. Was haben zeitlose ethische Maximen mit der Zeit zu tun, erst recht mit plötzlich drängender Zeit? Das heißt so viel wie: verhalte dich wohl, damit du dich noch rechtzeitig rettest. Damit schlägt das Wohlverhalten in puren Egoismus um; denn jetzt tue ich das Gute, das Anständige, das Gemäße nicht mehr um seiner selbst oder um der Mitmenschen willen, sondern um meinetwillen, um mich vor dem nahen Untergang abzusichern. Darin liegt das moralisch Minderwertige, ja, das Verabscheuungswürdige des Christentums.

Paulus fährt entsprechend fort: die Stunde sei da, nunmehr aus dem Schlafe zu erwachen, jetzt sei „unser Heil näher als damals, als wir gläubig geworden sind", so gaukelt Paulus den Römern vor. Die Nacht sei vorgeschritten, orakelt er, der Tag herangekommen. Und nun folgt der oft zitierte, klassisch gewordene Satz: „So laßt uns ablegen die Werke der Finsternis und anziehen die Waffenrüstung des Lichtes." (Röm. 13, 12) Die Waffenrüstung! Es geht also in den Krieg! Krieg gegen wen? Krieg offenbar gegen alles, was im Leben Freude macht, oder doch gegen vieles, was Spaß macht; denn die mit der Waffenrüstung angetanen Christen sollen ehrbar wandeln, und das bedeutet bei Paulus: nicht in Schwelgerei und Gelagen, nicht in Wollust und Ausschweifung, nicht in Streit und Eifersucht. Fragt sich nur, ob Askese bei den ehrbar Wandelnden nicht eben Eifersucht und dann auch Streit mit den wollüstigen Lüstlingen hervorrufen muß, wenn diese nämlich in aller Christlichkeit verteufelt werden, während sie weiterschwelgen und sich an Wollust und Ausschweifung erfreuen. Ein merkwürdiger Psychologe, dieser Paulus! Und nun setzt er das Tüpfelchen auf das i, er endet mit einem wirkungsvollen Paukenschlag: „Zieht vielmehr den Herrn Jesus Christus an und pflegt das Fleisch nicht so, daß es lüstern wird." (Röm. 13, 14) Jesus als Anzug, als Garderobe. Der Heilige Geist indessen innerlich, denn unser Leib sei sein Tempel, wie Paulus den Korinthern mitgeteilt hatte (1 Kor. 6, 19). Die Römer sollen Christus als Waffenrüstung anziehen, sich also mit ihm umgeben, ähnlich wie Siegfried im Nibelungenlied sich mit der Hornhaut aus Drachenblut umgab oder mit der Tarnkappe des Zwergenkönigs Alberich. Wichtig ist schließlich nur, daß das Fleisch nicht lüstern wird. Darum soll man es, wie spätere christliche Terminologie gängig schon von Kindern zu fordern pflegte, abtöten. Dieses Abtöten wurde noch von mir in meiner Kindheit gefordert, jedenfalls von meiner frommen Patentante. Der Verfasser weiß aus eigener Erfahrung, wovon er spricht.

Natürlich haben nicht nur Römer und Korinther von Paulus seine lustwidrigen Elogen über sich ergehen lassen müssen, auch die Epheser blieben davon nicht verschont. Hier äußert sich der Post-Apostel noch erheblich rigoroser. Hören wir, was dort geschrieben steht:

„Unzucht oder irgendwelche Unreinheit oder Habsucht soll bei euch nicht einmal genannt werden. So ziemt es sich für Heilige. Ebensowenig gemeines, albernes oder leichtfertiges Gerede. Das schickt sich nicht. Dagegen ziemt sich umso mehr Danksagung. Denn davon seid fest überzeugt: Kein Lüstling oder Unreiner oder Habgieriger - das heißt Götzendiener - hat Anteil am Reiche Christi und Gottes." (Eph. 5, 3-6) Wie steht es übrigens mit den habgierigen Funktionären der sich seit Jahrhunderten mit Reichtümern immer mehr anreichernden Kirche? Sie haben nach Paulus keinen Anteil am Reiche Christi und Gottes. Aber was schert sie das schon!

Kurz zuvor im gleichen Brief hatte Paulus die sogenannten Heiden, also die Nichtchristen, die Ungetauften, diffamiert, indem er schrieb, ihr Denken sei verfinstert, Unwissenheit halte sie umfangen, ihr Herz sei verhärtet und dann wörtlich: „Aller höheren Empfindung bar, sind sie der Ausschweifung ergeben und frönen jeglicher Unreinheit in unersättlicher Gier." (Eph. 4, 18-19)

Die niederträchtige Abwertung der Andersgläubigen und Atheisten hat sich in vorbildlicher Nachahmung Pauli zu einer zweitausendjährigen Tradition verfestigt, von der noch im Juni 1996 Papst Johannes Paul II. während seines Deutschlandaufenthaltes Zeugnis ablegte, als er von der Verwüstung der Seelen der Menschen im Osten unseres Landes und Europas zu sprechen wagte. Keiner unserer Politiker hat ihm widersprochen, keiner wies diese Massendiffamierung ungezählter integrer Menschen zurück, kein Minister, nicht der Bundespräsident und nicht der Bundeskanzler; eine Schande für sie alle, nicht aber für die Diffamierten! Christliche Verleumdung aller Andersdenkenden ist seit eh und je an der Tagesordnung. Schamlos durch die Jahrhunderte hindurch bis in die Gegenwart hinein lassen überhebliche Christen, besonders Pfaffen, Bischöfe und Päpste ihr „gemeines, albernes, leichtfertiges Gerede", um mit Paulus zu sprechen, vernehmen, mit dem sie jeden, der sich nicht zu ihrem abergläubischen Glauben bekennt, aber auch Menschen aus ihren eigenen Reihen, in Mißkredit zu bringen suchen.

Seien es die Reden Jesu, seien es die Briefe Pauli, der Pferdefuß schaut überall hervor; die Minderwertigkeit des Christentums schimmert überall durch, fadenscheinig, verschlissen und in sich selbst zerfallend wie ein schäbiger, abgetragener Rock. - Amen.

Die Frau kann nicht über ihren Leib verfügen, sondern der Mann

1 Kor. 7, 4

Religionsgemeinschaften gehören zu den ältesten Herrschaftsstrukturen. Sie alle haben es an sich, daß sie ihren Mitgliedern oder Angehörigen in sämtliche Angelegenheiten des Lebens mit Verhaltensvorschriften hineinreden und jegliches Fehlverhalten im Sinne ihres Sittenkodex mit Sanktionen belegen. Im Anfang war die Intoleranz. Wo die Menschen an einen Propheten oder Messias, an einen Guru glauben, müssen sie sich gefallen lassen, daß Privatansichten, eigene Meinung, erst recht eigenes Denken an der Kasse im Entrée abzugeben sind. So ist es im Morgenland, so ist es im Abendland, seit die Morgenländer es mit ihren Gottesmärchen infizierten.

Einer der ersten, der den Westen, der Europa mit seinen intoleranten Lehren über Jahwe und dessen Adoptivsohn Jesus überzog, war der tobsüchtige Saulus, als Christ genannt Paulus, der Besserwisser von Beruf, der seinen Jesus wie Knetmasse zum Christus umformte und als gesalbte Gestalt den ohnehin abergläubischen Menschen seiner Zeit vor Augen stellte. Welche Faszination von diesem rastlosen Wanderprediger ausgegangen sein muß, ist uns heute nur noch schwer vorstellbar, dürfte aber bei näherem Hinsehen auf unsere heutige sogenannte moderne, aufgeklärte, fortschrittliche Gesellschaft keineswegs überraschen, da wir erleben, wie vor allem junge Menschen in Massenhysterie ausbrechen beim Auftreten dummköpfiger jallernder und johlender Popstars oder hochgeputschter Spitzensportler, die, zu Mannschaften konglomeriert, ganze Stadien zu Tausenden und Zigtausenden füllen und in frenetischen Jubel, oft verbunden mit brutaler Randale, ausbrechen lassen.

Was Paulus zu seiner Zeit im Abendland bei den sogenannten Heiden, die er zu Christen umfunktionierte, zustande gebracht hat, ist allerdings bewundernswert, aber mehr noch eigentlich erschreckend, und was daraus hervorging, ist in der Tat zur Schreckensherrschaft geworden, die Kirche nämlich, die sich mit dem frommen Schafspelz umgibt, in kostbares Leinen und Purpur kleidet und ihre teuflische Pranke auf den Nacken der von ihr unterjochten Menschen setzt. Ich bin mir der Tragweite dieser Aussage bewußt und berufe mich auf die unwiderlegten und unwiderlegbaren Werke von Karlheinz Deschner, sofern mir jemand Übertreibung oder Diffamierung vorwerfen sollte.

Aber, kommen wir zur Sache. Die Einmischung in die Intimsphäre der von ihm und seiner inhumanen Lehre abhängig gewordenen Menschen hat sich selbstverständlich in erster Linie und vorab der heilige Apostel Paulus geleistet. Wir schlagen seinen ersten Brief an die Korinther auf, diesmal das 7. Kapitel, und lesen offenen Auges:

„Um auf das zu kommen, wovon ihr geschrieben habt, so ist es für den Mann gut, wenn er keiner Frau sich naht. Aber wegen der Gefahr der Unzucht soll jeder Mann seine Frau und jede Frau ihren Mann haben. Der Mann leiste seiner Frau die schuldige Pflicht und ebenso die Frau ihrem Manne. Die Frau kann nicht über ihren Leib verfügen, sondern der Mann. Ebenso kann der Mann nicht über seinen Leib verfügen, sondern die Frau. Entzieht euch einander nur mit gegenseitiger Einwilligung für eine gewisse Zeit, um dem Gebete obzuliegen. Dann kommt wieder zusammen. Sonst führt euch der Satan in Versuchung, da ihr noch nicht enthaltsam leben könnt. Das verstehe ich als Zugeständnis, nicht als Gebot. Ich wollte wohl, alle Menschen wären wie ich. Aber jeder hat vor Gott seine besondere Gabe, der eine von dieser, der andere von jener Art. Den Unverheirateten und den Witwen sage ich: Sie tun gut, wenn sie bleiben wie ich. Wenn sie aber nicht enthaltsam leben können, dann sollen sie heiraten. Es ist doch besser, sie heiraten, als daß sie vor Begierde brennen." (1 Kor. 8, 1-9)

Machen wir hier erst mal einen Punkt; denn eigentlich geht die Sache noch weiter, da Paulus anfügt: „Die Frau darf sich von ihrem Manne nicht trennen. Hat sie sich aber doch getrennt, so muß sie unverheiratet bleiben oder sich mit ihrem Manne wieder aussöhnen. Ebenso darf der Mann seine Frau nicht entlassen." (1 Kor. 7, 10-11)

Die Ehe, später von der Kirche zum Sakrament erhoben, ist für Paulus - und somit selbstverständlich auch für die Kirche Gottes - ein widerwilliges Zugeständnis, eine Verlegenheitslösung, ein ärgerlicher Notbehelf, um die Menschen an die Kandare nehmen, um sie in religiöser und sexueller Sklaverei halten zu können nach dem von Ludwig XI. auf den kurzen Nenner gebrachten Grundsatz „Diviser pour régner", uns geläufig in der lateinisch überlieferten politischen Maxime: Divide et impera!

Lustfeindlich, leibfeindlich, lebensfeindlich, menschenfeindlich, so überliefert Paulus sein Selbstporträt, das er zum Maßstab machen will für alle Menschen. Was für ein klägliches Gottesbild vermittelt dieser klägliche Mann ungeachtet der paradiesischen göttlichen Floskel „Es ist nicht gut, daß der Mensch allein sei. Ich will ihm eine Hilfe machen, die ihm entspricht." (Gen. 2, 18) Paulus weiß das besser als sein Schöpfergott Jahwe, der so freundlich war, dem einsamen Adam eine Rippe zu amputieren und ihm daraus eine Frau zu konstruieren; worauf dann weiter unten im Protokoll des Schöpfungsberichtes festgehalten wurde: „Darum (nämlich weil die Frau vom Fleisch des Mannes genommen wurde! vgl. Gen. 2, 23) wird der Mann seinen Vater und seine Mutter verlassen und seinem Weibe anhangen, und sie werden zu einem Fleisch." (Gen. 2, 24) Paulus weiß das - wie gesagt - besser als der Erfinder und Konstrukteur der Menschen, er korrigiert seinen Gott Jahwe und lehrt, für den Mann sei es gut, wenn er sich keiner Frau nähere. Sonst lauert da gleich der Satan und führt ihn in Versuchung, seine ihm von Gott verliehenen Zeugungswerkzeuge in Aktion zu setzen und von ihnen lustvollen Gebrauch zu machen, was denn sogleich den Tatbestand der Unzucht erfüllt und ihn demnach dem ewigen Flammenpfuhl ausliefern müßte. Um dem vorzubeugen, ist alles in geregelte Bahnen zu lenken durch die Institution der sogenannten Ehe, was übrigens von der Wortbedeutung her nichts anderes besagt als „Gesetz". Die böse Lust muß kanalisiert werden, die gegenseitige Verfügungsgewalt über Leib und Sexualität des Ehepartners garantiert die perfekte Kontrolle, und da das alles nun zur Pflicht, zur höchstpersönlichen Tributleistung institutionalisiert wird, bleibt in der Tat von der schönen lustvollen Hingabe nicht mehr übrig als ein auf die Dauer widerlicher Zwang.

So hat das Christentum eine der schönsten und tiefsten Begabungen des Menschen, die erotische Liebe, inhumanisiert, materialisiert, desillusioniert und von Grund auf zerstört. Daß Paulus mit dieser Barbarei Menschen für seine fanatische lebens- und liebesfeindliche Ideologie gewinnen konnte, massenhaft gewinnen, zeugt wieder einmal für die hoffnungslose Dummköpfigkeit des größten Teiles der Menschheit, die bis in unsere Tage leider durch nichts vermindert werden konnte. Die klugen und weisen, selbständig denkenden Köpfe werden immer in der Minderheit sein, ebenso wie diejenigen, die ihre Gedanken und Forschungsergebnisse nachvollziehen und in ein humaneres Leben, in Selbstverantwortung und in ein autonomes Ethos umzusetzen vermögen. Denken ist bekanntlich unbequem und anstrengend, noch anstrengender und unbequemer die Verwirklichung der sich aus selbständigem Denken ergebenden Konsequenzen, und darum ist die Masse auf Seiten der Gaukler, der herrschenden Unterdrücker, der mit Autorität ausgestatteten Henker. Wie gerne lassen sich die Unterjochten unterjochen, wie gläubig sinken sie in die Kniee. Und da sie immer und überall die Mehrheit bilden, ist mit Demokratie für Autokraten, die sich der Herrschaftsstrukturen raffiniert zu bedienen wissen, nichts riskiert. Demokratie, Herrschaft des Volkes, Herrschaft der Dummgehaltenen ist noch immer die Herrschaft der die Dummen Beherrschenden gewesen. Im vertrauten Kreis bezeichnen gewählte Politiker ihre Wähler verächtlich als Stimmvieh.

Die Masse läßt alles mit sich machen: sie läßt sich für Kriege und Rassenhaß begeistern und in blutigen Kämpfen abschlachten, im Frieden wie Zugvieh vor die Prunkwagen der Mächtigen, des Kapitals, spannen; „denn die Frau kann nicht über ihren Leib verfügen, sondern der Mann. Ebenso kann der Mann nicht über seinen Leib verfügen, sondern die Frau." (1 Kor. 7, 4) Die Verfügungsgewalt über sich selbst hat das Christentum den Menschen genommen. So konnten sie als Soldaten verkauft, noch heute von staatswegen zum Wehrdienst, zum potentiellen Töten, einberufen, bei Schwangerschaftsabbruch unter Strafe gestellt, als Deserteure erschossen, als Selbstmörder bestraft, als uneheliche Mütter ausgepeitscht und verstoßen, als Apostaten und Ketzer verbrannt werden. Die Obrigkeit hat immer recht: „Ein jeder soll sich der obrigkeitlichen Gewalt unterordnen. Denn es gibt keine Gewalt, die nicht von Gott stammt." (Röm. 13, 1) - „Gehorcht euren Vorstehern und seid ihnen zu Willen. Sie wachen über eure Seelen und müssen einst Rechenschaft über sie geben." (Hebr. 13, 17) Das ist die völlige Entmündigung jedes einzelnen und zugleich die Übertragung der Herrschaft über ihn an seine „Vorsteher". - „Unterwerft euch um des Herrn willen jeder menschlichen Ordnung, sei es dem Könige als dem obersten Herrn, sei es den Statthaltern, die in seinem Auftrag die Übeltäter bestrafen und die Guten loben." (1 Petr. 2, 13-14) Wohlgemerkt: loben (und nicht etwa lohnen!)

Kurzum, wir haben es mit einer Religion der perfekten Unterwerfung zu tun. wer das bis heute nicht begriffen hat, dem wird auch in Zukunft kaum zu helfen sein. - Amen.

Das Haupt für die Frau ist der Mann

1 Kor. 11, 3

Paulus und die Frauen! Das ist ein Kapitel für sich. Die Kirche und die Frauen! Das ist ebenfalls ein Kapitel für sich. Aus diesem Kapitel wollen wir etwas zur Erbauung unserer Leserinnen und Leser verlesen, aus den Briefen des heiligen Apostels Paulus, obwohl er selber, abgesehen von jenem bekannten Überfall des mehr oder weniger verklärten Jesus Christus auf ihn, auf dem Wege nach Damaskus nämlich, mit dem unfreiwilligen Religionsstifter aus Nazareth nicht das Geringste zu tun hatte.

Liebe (dem Paulus allerdings unliebe) Leserinnen, falten Sie die Hände, begeben Sie sich auf die Knie, und hören sie gut zu:

„Ich möchte euch aber wissen lassen: Das Haupt für einen jeden Mann ist Christus, das Haupt für die Frau ist der Mann, das Haupt für Christus ist Gott." (1 Kor. 11, 3) Ich hoffe, damit ist die hierarchische Ordnung klar geworden. Abgesehen von einigen Verhüllungsvorschriften für Frauen, die jeder selbst im heiligen Text nachlesen kann, verkündet der Apostel Paulus dann weiter: „Der Mann braucht sein Haupt nicht zu verhüllen. Er ist das Ebenbild und der Abglanz Gottes; die Frau aber ist der Abglanz des Mannes. Denn der Mann stammt nicht von der Frau, wohl aber die Frau vom Manne. Auch wurde der Mann nicht um der Frau willen erschaffen, sondern die Frau um des Mannes willen. Darum soll die Frau auf ihrem Haupt ein Zeichen dafür tragen, daß sie unter der Herrschaft steht - um der Engel willen." (1 Kor. 11, 7-10)

Wollen Sie noch weiter hören, meine Damen? Sie sind sicher neugierig geworden, und so etwas Absonderliches hört man schließlich nicht alle Tage. Also denn: „Indes ist im Herrn die Frau nicht unabhängig vom Manne und der Mann nicht unabhängig von der Frau; denn wie die Frau vom Manne stammt, so ist der Mann wieder durch die Frau: Alles aber kommt von Gott." (1 Kor. 11, 11-12)

Abracadabra! Verkneifen wir uns die ironischen Bemerkungen, die sich bei diesem paulinischen Hokuspokus nahelegen. Wer soll es verstehen? Was war eher, das Ei oder die Henne? Gott weiß es, Paulus anscheinend nicht, und wir auch nicht.

Paulus, der Widernatürliche, greift nun aber doch ausnahmsweise einmal auf die Natur zurück, der große heilige Biologe, und verkündet seinen korinthischen Briefempfängern: „Lehrt euch nicht schon die Natur, daß langes Haar dem Manne zur Unehre gereicht, für die Frau dagegen langes Haar eine Zierde ist? Das Haar ist ihr doch als Schleier gegeben." (1 Kor. 11, 14-15) Wie lang dürfen denn die Haare beim Mann sein, damit sie ihm nicht zur Unehre gereichen? Bei den Frauen sollen sie wie ein Schleier ihre Blöße bedecken? Oder nur das Gesicht? Faßt man die Zustände im damaligen Korinth ins Auge, weiß man es nicht genau. Aber ach, diese unehrenhaften Beatles, über die sich ja auch anfangs viele christliche Seelen aufgeregt haben, und dann dieser unehrenhafte Jesus Christus, sofern er tatsächlich, wie auf allen frommen Bildern überliefert, lange Haare getragen haben sollte. Aber schon ein altes westfälisches Sprichwort besagt: „Lange Haore, kuotten Verstand", zu hochdeutsch: Lange Haare, kurzer Verstand! Selbst der Volksmund hat sich also den christlichen Lehren anbequemt, und bekanntlich ist Volkes Stimme Gottes Stimme, wofür sogar der unverdächtige Seneca der Ältere in seinen Rhetorum controversia (I. 1, 10) einen Beleg liefert: „Crede mihi, sacra populi lingua est", mit anderen Worten, wie schon oben deutsch zitiert: „Vox populi vox Dei", was wiederum auf Hesiod zurückgehen soll. Da mögen Alice Schwarzer und ihre „Emma" noch so viele Worte reden und schreiben, Paulus, vom Heiligen Geist erfüllt, weiß es besser. Zudem hat er es ja nicht nur an die im Wohlstand schwelgenden Korinther geschrieben, nein, auch an die Epheser und Kolosser.

Hören Sie gut zu, meine Damen: „Die Frauen seien ihren Männern untergeben, wie dem Herrn. Denn der Mann ist das Haupt der Frau, wie Christus das Haupt der Kirche ist: er, der Erlöser seines Leibes. Wie die Kirche Christus untertan ist, so seien es in allem die Frauen ihren Männern." (Eph. 5, 22-24) - Jawohl, in allem, wie es sich gehört! Emanzipation? Eine Sünde wider den Heiligen Geist! Pfui Teufel! So etwas wird niemals vergeben werden! (Matth. 12, 32)

Es geht aber noch weiter: „So sollen auch die Männer ihre Frauen lieben wie ihren eigenen Leib. Wer eine Frau liebt, liebt sich selbst." - Na, bitte schön. Frage nur: was ist das für eine Liebe, die da auf Kommando lieben soll, und dann noch um seiner (des Mannes selbst) willen!

Und schließlich, meine Damen, leihen Sie Ihr offenes Ohr noch einmal dem christuswütigen Apostel S(P)aulus, der da in seinem Brief an die Kolosser die kolossale Maxime aufgestellt hat: „Ihr Frauen, seid euren Männern unterwürfig. So ziemt es sich im Herrn." (Kol. 3, 18)

Das nämlich gehört, meine Damen, zu Ihren Standespflichten, und das haben wortgewaltige katholische Prediger Ihren Geschlechtsgenossinnen schließlich oft genug in den Standespredigten eingehämmert. Und was ist daraus geworden in unserem unseligen Lande? Frauenemanzipation, Teufelseinflüstrungen, höllisches Streben! Ist das alles denn noch christlich, diese Frauenbewegung, diese Frauenquote, diese ungehörige, christusferne und pauluswidrige Auflehnung gegen den Mann?

Klappen wir doch besser die Bibel zu, schieben sie beiseite oder noch besser: legen wir sie weit weg. Damit würde uns kein wertvolles Geistesgut entgehen. Im Gegenteil: das erst wäre für uns die wahre Erlösung von - zwar nicht allem, aber - vielem Übel. - Amen.

Die Frauen sollen in der Versammlung schweigen

1 Kor. 14, 34

Als Paulus - oder wer auch immer (bei den Verfassern der heiligen Schriften weiß man nie genau, mit wem man es eigentlich zu tun hat) - seinen Brief an die Korinther schrieb, gab es noch keine heilige Messe, wie wir sie heute kennen und wie die Katholische Kirche sie erst viel später mit feststehender Ordnung des Kirchenjahres zur ständigen Praxis gemacht hat. In seinen Vorschriften für den Gottesdienst teilt der Apostel den Christen in Korinth mit, wenn sie zusammenkämen, möge der eine von ihnen einen Lobgesang, der andere eine Lehre, der dritte eine Offenbarung, der vierte eine Ansprache, der fünfte eine Auslegung zum besten geben. Es ging in den urchristlichen Gemeinden also wohl ähnlich zu wie damals in den jüdischen Synagogen. Alles jedenfalls solle zur Erbauung dienen, so Paulus, jedoch in Sprachen sollten nicht mehr als zwei, höchstens drei Gemeindemitglieder reden, und zwar der Reihe nach, und dann solle einer die Auslegung übernehmen. Wenn aber kein Ausleger da sei, dann solle in der Versammlung Schweigen herrschen. Die Anwesenden sollten dann mit sich selbst oder mit Gott reden, also Selbstgespräche führen oder beten. Von den anwesenden Propheten - auch die gab es beachtlicherweise damals in Korinth! - sollten nur zwei oder drei reden, die andern sollten ihr Urteil abgeben. Werde aber einem, der dabeisitze, eine Offenbarung zuteil, so solle der erste schweigen. Offenbarer haben also das Wort vor den Sprachredenden und den Auslegern. Alsdann könne einer nach dem anderen prophetisch reden, damit alle etwas lernen und alle ermahnt werden. So steht es zu lesen in des Apostels Brief 1 Kor. 14, 26-31. Von Eucharistie kein Wort. Alle reden sie, wie es ihnen der Heilige Geist in den Kopf kommen läßt oder wie ihnen der prophetische Schnabel gewachsen ist.

Nun aber kommt plötzlich wieder ein ganz und gar unverständliches Abracadabra; denn der unvergleichliche Paulus fährt fort: „Die Geister der Propheten sind den Propheten untertan. Gott ist kein Gott der Unordnung, sondern des Friedens. So ist es in allen Gemeinden der Heiligen." (1 Kor. 14, 32-33) - Die Geister der Propheten sind den Propheten untertan? Ein Irrtum des Setzers einer deutschen katholischen Ausgabe?

Schlagen wir vorsichtshalber erst den alten Luther auf und dann den noch viel älteren Hieronymus in seiner Vulgata, um sicher zu gehen, daß wir nicht etwa Unsinn gelesen haben. - Nein, keineswegs. Hören wir zunächst den sprachgewaltigen Luther im 32. Vers: „Und die Geister der Propheten sind den Propheten untertan." Der Sachverhalt ist korrekt wiedergegeben; denn in der Vulgata steht geschrieben: „et spiritus prophetarum prophetis subjecti sunt." - Nichts zu machen, so und nicht anders ist es. Verschwenden wir ein leichtes Bedauern an die den Propheten untertänigen Geister der Propheten, die sicher ein paar Streicheleinheiten gut gebrauchen können, um uns nun der Kernfrage zuzuwenden, die uns diesmal beschäftigen soll, nämlich dem Stellenwert der Frauen in jenen urchristlichen Versammlungen. Ihnen ergeht es nämlich viel schlimmer als den bedauernswerten Geistern der Propheten, nämlich: „Die Frauen sollen in der Versammlung schweigen. Es steht ihnen nicht an, das Wort zu ergreifen. Sie sollen sich unterordnen, wie auch das Gesetz gebietet. Wenn sie etwas wissen wollen, sollen sie daheim ihre Männer fragen. Denn es schickt sich nicht für eine Frau, in der Versammlung das Wort zu ergreifen." (1 Kor. 14, 34-35) - Hat nun etwa eine kluge Frau einen Doofmann geheiratet, was ja vorkommen soll und heutzutage meist eine Hormonfrage ist, ehemals jedoch häufig durch Fremdbestimmung geschah, so darf sie ihn daheim allenfalls fragen, aber doch - bitteschön - nicht informieren oder gar belehren.

Christliche Frauen haben keinen eigenen Verstand zu haben, sie haben sich sklavisch ihren Männern und der versammelten Männergemeinde unterzuordnen. Kein Wunder, daß daher im Jahre 585 die Synode von Macon ernsthaft die Frage beriet, ob die Frau eine Seele habe und ob sie überhaupt ein Mensch sei. Nach hartem Streit waren der Frau dann schließlich menschliche Merkmale zuerkannt worden.

Wie ging es dann weiter? Im Jahre 589 befahl das 3. Konzil von Toledo, solche Weiber, die im Verdacht standen, mit Priestern Verkehr zu pflegen, zu verkaufen und das eingelöste Geld an die Armen zu verteilen. Der Verdacht allein genügte!

Kleine Rückblende: Der Kirchenlehrer Hieronymus (347 - 419), den wir als Verfasser der Vulgata kennen, hätte die Frauen am liebsten kahlgeschoren (Hier. ep. 93). Selbst das Singen sollten sie unterlassen, was später zur Kastration der vatikanischen Chorknaben führte. Er stellte den Leitsatz auf: Liebe die Frauen bei den heiligen Feiern, aber hasse sie beim privaten Zusammensein! Die christliche Haßhölle - zumindest für Frauen - also schon auf Erden! - Verheiratete leben nach seiner Auffassung „nach Art des Viehes". - Trotzdem verhieß er, daß ein Mann, der seine Frau um des Herrn willen verstoße, dafür in der künftigen Welt mit hundert Frauen entschädigt werde: „ut qui unam pro Domino amiserit, centum recipiat in futuro"; wobei er sich auf Matth. 19, 29 stützt, wo in der Vulgata noch der Zusatz „aut uxorem" zu lesen ist. Man lese die Stelle selber nach, sofern man eine Bibel zur Hand habe.

Wir blenden weiter zurück. Für Dionysus von Alexandrien, der im Jahre 265 verstarb, war es noch selbstverständlich, daß es Weibern während der Menstruation verboten sei, in die Kirche zu gehen und „Christi Leib und Blut zu berühren". Das gleiche galt für Timotheus von Alexandrien. Sündiges Menstruationsblut verträgt sich nicht mit Christi heiligem Opferblut!

Weitere Rückblende: für Kirchenvater Tertullian (150 - 225) basiert die Ehe auf demselben Akt wie die Hurerei. Darum ist es nach ihm das beste für den Menschen, kein Weib zu berühren. Er macht das Weib zur „Einfallspforte des Teufels" und wettert gegen die Frau: „Und da kommt es dir noch in den Sinn, über deinem Rock von Fellen Schmucksachen anzulegen?" Folgerichtig schließt er: „Einer Frau sollte bei dem bloßen Gedanken daran, daß sie eine Frau sei, die Schamröte ins Gesicht steigen, und sie sollte in beständiger Buße leben wegen all des Fluches, den sie auf die Welt gebracht hat. Sie müßte sich ihrer Kleidung als des Deckmantels ihres Falles schämen, denn diese wäre das mächtigste Werkzeug des Teufels."

In der frühen Katholischen Kirche erscheint die Frau zumeist nur als fleischliches, niedriges, den Mann verführendes Geschöpf. Erst seit dem 14. Jahrhundert gibt es in der römischen Kirche die kirchliche Trauung, und diese wurde im Kirchengebäude sogar erst im 16. Jahrhundert vollzogen! Eineinhalbtausend Jahre dauerte also die Verachtung und moralische Unterdrückung der Frau im Christentum, womit nicht gesagt sein soll, daß sie mit der Zulassung der sakramentalen Trauung in Kirchenräumen etwa geendet hätte.

Die Zeit und die gesellschaftliche Entwicklung sind über die ärgste Barbarei des Christentums hinweggeschritten; die Frauen schweigen nicht mehr in der Versammlung, können auch nicht mehr nach Belieben gefoltert und öffentlich verbrannt werden. Heute führen sich christliche

Frauen dagegen - im Verständnis Pauli und der nachfolgenden Kirchen-
väter - höchst unchristlich auf. Sie schweigen nicht mehr, sondern wollen mitreden. Dennoch gilt unverständlicherweise noch heute die Vokabel „christlich" als Qualitätsbegriff für einwandfreies, lobenswertes
mitmenschliches Verhalten, während es sich in Wahrheit um eines der
ärgsten Schimpfwörter handeln müßte und als Beleidigung zu gelten
hätte. Ich würde mich zutiefst schämen, könnte mir jemand mit Berechtigung christliches Verhalten, christliche Gesinnung, christliche Zugehörigkeit nachsagen.

Wären die Menschen in der Lage, selbständig und frei zu denken, sich
aus allgemein zugänglichen Quellen zu informieren, wie es ihnen bei
uns zulande in Art. 5 (1) des Grundgesetzes zugebilligt wird, und die
Zwangsjacke der frühkindlichen Indoktrination sowie ihre Urängste vor
ewiger Verdammnis samt ihren illusionären Hoffnungen auf die ihnen
von der verlogenen Kirche verheißenen ewigen himmlischen Freuden
und Seligkeiten aufzugeben, stattdessen eine freie, verantwortliche, den
Rechtsgüterschutz anerkennende Ethik anzunehmen, so wäre es weit
besser mit der Menschheit und mit uns allen bestellt! - Amen.

Nachwort

Dem aufmerksamen Leser dieses Buches wird nicht entgangen sein können, daß meine Auffassungen über Jesus von Nazareth und meine Beurteilungen seiner Reden und seiner Persönlichkeit sehr unterschiedlich, ja geradezu widersprüchlich ausgefallen sind. Diese Widersprüche liegen jedoch nicht an mir, sie liegen in dem im Neuen Testament widersprüchlich überlieferten Jesusbild. Wäre dieses Neue Testament wenigstens ein gut erfundenes Kunstwerk, so ließe sich daraus eine einheitliche, in sich stimmige Jesus-Charakteristik gewinnen. Da aber Jesus, alles in allem, lediglich als irritierendes Zerrbild erscheint, nämlich einerseits als der feinsinnige, eine hohe Ethik verkündende und verkörpernde einfühlsame Menschenfreund, anderseits als der intolerante, selbstüberhebliche, selbstgerechte, ja machtbesessene Teufelsaustreiber und Höllenandroher, kann es sich bei den neutestamentlichen Überlieferungen nur um ein aus unterschiedlichen Traditionssträngen zusammengestücktes Machwerk handeln, aus dem sich in der Tat alles machen läßt, was die Kirche und christliche Sekten in fast zweitausend Jahren daraus gemacht haben. Von jenem, uns in den Schriften der Evangelien-Verfasser überlieferten schizophrenen Jesus kann man sich insgesamt nur distanzieren.

Insofern sind auch, wie ich gesagt habe, einzelne Passagen des Neuen Testaments lesens- und beherzigenswert, ist aber anderseits die durch und durch inhumane Überlieferung in diesen Texten abzulehnen.

Die in diesen „Heiligen Schriften" sowie im Jesus-Bild selbst enthaltenen Widersprüchlichkeiten machen die Bibel manipulierbar und haben dazu geführt, daß Theologie und Kirche dieses schädliche Buch, um was es auch gehe, jeweils in ihrem sophistisch-jesuitischen Sinne auslegen, verkünden und verpflichtend machen können. Insgesamt kann dieser Tatbestand bei jedem ehrlichen, ehrenhaft integren, selbständig denkenden Menschen nur Abscheu erregen. - Amen.

Weiterführende Literatur

– Baigent, Michael / Leigh, Richard: Verschlußsache Jesus. Die Qumranrollen und die Wahrheit über das frühe Christentum. Aus dem Englischen von Paul S. Dachs und Brigitta Neumeister-Taroni. München 1991

– Buggle, Franz: Denn sie wissen nicht, was sie glauben. Oder warum man redlicherweise nicht mehr Christ sein kann. Eine Streitschrift. Hamburg 1992

– Das Neue Testament. Übersetzt und erläutert von P. Dr. Konstantin Rösch. O.M.Cap. Sonderausgabe. Paderborn 1951

– Deschner, Karlheinz: Abermals krähte der Hahn. Eine kritische Kirchengeschichte von den Anfängen bis zu Pius XII. Stuttgart 1962

– Deschner, Karlheinz: Das Kreuz mit der Kirche. Eine Sexualgeschichte des Christentums. Düsseldorf 1974

– Deschner, Karlheinz: Der gefälschte Glaube. Die wahren Hintergründe der kirchlichen Lehren. München 1991

– Deschner, Karlheinz: Die Politik der Päpste im 20. Jahrhundert. Ein Jahrhundert der Heilsgeschichte von 1878 bis heute. Hamburg 1991

– Deschner, Karlheinz: Kriminalgeschichte des Christentums. Erster Band. Die Frühzeit. Von den Ursprüngen im Alten Testament bis zum Tod des hl. Augustinus (430). Hamburg 1986

– Deschner, Karlheinz: Kriminalgeschichte des Christentums. Zweiter Band. Die Spätantike. Von den katholischen „Kinderkaisern" bis zur Ausrottung der arianischen Wandalen und Ostgoten unter Justinian I. (527-565). Hamburg 1988

– Deschner, Karlheinz: Kriminalgeschichte des Christentums. Dritter Band. Die alte Kirche. Fälschung, Verdummung, Ausbeutung, Vernichtung. Hamburg 1990

– Deschner, Karlheinz: Kriminalgeschichte des Christentums. Vierter Band. Frühmittelalter. Von Chlodwig I. (um 500) bis zum Tode Karls „des Großen" (814). Hamburg 1994

– Deschner, Karlheinz / Herrmann, Horst: Der Anti-Katechismus. 200 Gründe gegen die Kirchen und für die Welt. Hamburg 1991

– Die Bibel. Die Heilige Schrift des Alten und Neuen Bundes. Vollständige deutsche Ausgabe. Freiburg, Basel, Wien 1966

– Herrmann, Horst: Die Kirche und unser Geld. Daten, Tatsachen, Hintergründe. Hamburg 1990

– Herrmann, Horst: Die sieben Todsünden der Kirche. Ein Plädoyer gegen die Menschenverachtung. München 1992

– Kahl, Joachim: Das Elend des Christentums oder Plädoyer für eine Humanität ohne Gott. Hamburg 1969

– Mynarek, Hubertus: Das Gericht der Philosophen. Ernst Bloch . Erich Fromm . Karl Jaspers über Gott . Religion . Christentum . Kirche. Essen 1997

– Mynarek, Hubertus: Denkverbot. Fundamentalismus in Christentum und Islam. München 1992

– Mynarek, Hubertus: Jesus und die Frauen. Das Liebesleben des Nazareners. Frankfurt am Main 1995

– Ranke-Heinemann, Uta: Eunuchen für das Himmelreich. Katholische Kirche und Sexualität. Hamburg 1988

– Ranke-Heinemann, Uta: Nein und Amen. Anleitung zum Glaubenszweifel. Hamburg 1992

– Rosa, Peter de: Gottes erste Diener. Die dunkle Seite des Papsttums. Übersetzt aus dem Englischen von Maria Huber. München 1989

– Russel, Bertrand: Warum ich kein Christ bin. Hamburg 1968

– Schepper, Rainer: Gott beim Wort genommen. Das Alte Testament auf dem ethischen Prüfstand. Mit einem Vorwort von Prof. Dr. Horst Herrmann. Argenbühl-Christazhofen 1993

– Schmitz, Emil-Heinz: Das große Irremachen. Der Gottesbeweis der ehrenwerten Männer in schwarz. Eine Bibel für die Ungläubigen. Ettlingen 1996

– Schmitz, Emil-Heinz: Der Mördergott und seine Mord-Elite (oder) Die betenden Bestien. Ettlingen 1992

– Schmitz, Emil-Heinz: Satanische Schöpfung - Wie ein Gott gemacht wurde. Das Jesus-Phänomen. Ettlingen 1992

– Schmitz, Emil-Heinz: Sex unterm Kruzifix. Die potenten Heuchler im Zwielicht. Verlogener geht's nimmer. Ettlingen 1996

– Schmitz, Emil-Heinz: Skandalöse Kirche - Seelenfang und Klingelbeutel. Ettlingen 1992

– Yallop, Davia A.: Im Namen Gottes? Der mysteriöse Tod des 33-Tage-Papstes Johannes Paul I. Tatsachen und Hintergründe. München 1984

Philosophie

Christos Axelos
Leibniz und Hegel: Affinität und Kontroversen
Bd. 18, 1995, 256 S., 38,00 DM, br.,
ISBN 3–89473–922–3

André Geicke
Geldprägung
Über einige Wirkungen verschiedener
Formen des Tausches auf den Geist
Bd. 19, 1994, 192 S., 38,80 DM, br.,
ISBN 3–89473–818–9

Uwe Beyer
Wahrzeichen
Deutungen des abendländischen Denkens
Bd. 20, 1994, 144 S., 29,80 DM, br.,
ISBN 3–8258–2069–6

Abolghassem Sakersadeh
Immanenz und Transzendenz als ungelöste Problematik in der Philosophie Nicolai Hartmanns
Bd. 21, 1994, 248 S., 48,80 DM, br.,
ISBN 3–8258–2094–7

Bert Alm
Über die Seele
Bd. 22, 1996, 176 S., 38,80 DM, br.,
ISBN 3–8258–2361–X

Guomu Tong
Dialektik der Freiheit als Negation bei Adorno
Zur Freiheitskonzeption der negativen Dialektik
Bd. 23, 1995, 224 S., 48,80 DM, br.,
ISBN 3-8258-2560-4

Markus Tomberg
Der Begriff von Mythos und Wissenschaft bei Ernst Cassirer und Kurt Hübner
Der Moderne ist der Mythos Metapher des Unverfügbaren. Wissenschaftlichkeit gilt ihr dagegen als Prototyp ihres eigenen Willens zu durchgängiger Rationalisierung sämtlicher Lebensbereiche. Mit den philosophischen Entwürfen Ernst Cassirers und Kurt Hübners vergleicht die Arbeit zwei methodisch völlig verschiedenartige Versuche der begrifflichen Bewältigung von Mythos und Wissenschaft. Sie rekonstruiert die immanente Logik der jeweiligen Systematik, untersucht die daraus resultierende Argumentatitonsstruktur und kritisiert das Verhältnis von Ansatz und Durchführung beider Entwürfe. Der Versuch metaphorischer Bändigung von Resistenzbereichen der Rationalität begegnet sie mit einem Plädoyer für eine Revision des Philosophiebegriffes. In engagierter Auseinandersetzung mit den mythos- und wissenschaftstheoretischen Entwürfen Cassirers und Hübners entwickelt die Studie das Programm eines Denkens, dem Mythos und Wissenschaft als Parameter des modernen Lebensgefühls zugleich Katalysatoren der Rückgewinnung anderer Subjektivität als konstitutivem Element philosophischer Theoriebildung sind. Damit stellt sie sich in die Tradition des zur Symbolphilosophie transformierten Paradigmas der Transzendentalphilosophie und leistet zugleich einen originellen Beitrag zur Interpretation des Cassirerschen Konzeptes einer *Philosophie der symbolischen Formen.*
Bd. 24, 1996, 288 S., 48,80 DM, br.,
ISBN 3–8258–2768–2

Horst Schneider
Der anonyme Publikumskommentar in Ilias und Odyssee
Die Arbeit ist die erste systematische Behandlung der sogenannten τις-Reden in Ilias und Odyssee. Sie macht die Variationsvielfalt dieses Darstellungsmittels deutlich und liefert einen wertvollen Beitrag zur Publikumsmeinung im homerischen Epos. An ausgewählten Beispielen wird auch die Nachwirkung der homerischen τις-Reden untersucht.
Bd. 25, 1996, 208 S., 58,80 DM, br.,
ISBN 3–8258–2786–0

Bernhard Janßen
"Kants wahre Meinung"
Freges realistischer Objektivismus und seine Kritik am erkenntnistheoretischen Idealismus
Dieses Buch untersucht die Frage, inwieweit Freges Kritik am erkenntnistheoretischen Idealismus zugleich eine Kritik an Kants Transzendentalphilosophie ist. Der Autor weist nach, daß Freges Vorwurf, Kant vertrete in seiner Erkenntnistheorie psychologistische Auffassungen, z. T. unberechtigt ist. Darüberhinaus beschreibt der Verfasser Übereinstimmungen zwischen Freges realistischem Objektivismus und Kants empirischem Realismus und zeigt die Relevanz der Wahrheitsauffassung für die Realismusthematik auf. Freges Ablehnung der Korrespondenztheorie der Wahrheit wird im Kontext mit traditionellen Wahrheitstheorien kritisch überprüft. Der Autor vergleicht Freges Verständnis von Objektivität mit den Positionen Husserls, Wittgensteins, Quines und Putnams. Ein Schwerpunkt dieser Arbeit liegt in der Auseinandersetzung mit den Thesen Dummetts, der als bedeutender Fregeforscher und als wichtiger Repräsentant der analytischen Philosophie neue Kriterien für die Charakterisierung des philosophischen Realismus und antirealistischer Positionen beschreibt.
Bd. 26, 1996, 216 S., 48,80 DM, gb.,
ISBN 3–8258–2901–4

LIT Verlag Münster – Hamburg – London
Bestellungen über: Dieckstr. 73 48145 Münster Tel.: 0251–23 50 91 Fax: 0251–23 19 72

Lancelot Pereira
Die verzauberte Dunkelheit
Vom Geheimnis, das allem innewohnt
Allen Menschen, denen ihr tägliches Leben hekti-
sche Aktivität und ständige Bewegung abverlangt,
wird "Die verzauberte Dunkelheit" neue Einsich-
ten bieten. Pater L. Pereira, S.J., Ph.D., hat in
Indien unter verschiedensten Bedingungen gelebt:
als Sozialarbeiter in den Slums und Dörfern, als
Lehrer, als Doktor der Philosophie der Universität
Cornell (USA) war er Direktor eines Forschungs-
labors und Direktor eines Colleges (St. Xavier's,
Bombay, Indien). Er ist ein aktiver Förderer der
indischen klassischen Musik und aller Werte,
die in den mystischen Traditionen dieser Welt
eingeschlossen sind. Zahlreiche Reisen und Lehr-
aufträge haben dafür gesorgt, daß er sich in den
USA und in Deutschland genauso zuhause fühlt
wie in Indien. L. Pereira leitet Seminare zu dem
Thema dieses Buches in Deutschland.
Kritiken zu "The Enchanted Darkness", der in
englischer Sprache erschienenen Ausgabe, nach
der die hier vorliegende Version bearbeitet wurde:
** *"Ohne Übertreibung ist es eine reiche spiri-*
tuelle Erfahrung, dieses Buch zu lesen...Es ist
eine totale Erfahrung." (M. V. Kamath, Mid-Day,
Indien)
** *"Ich habe entdeckt, daß Pater Lancelot Pereiras*
neues Buch ein ausgezeichneter Weg ist, das Herz
darauf vorzubereiten, das Mysterium, das wir in
jedem Teil der Schöpfung Gott nennen, zu emp-
fangen ... Wie Karl Rahner, betrachtet P.Pereira
Materie und Geist mehr vereint als getrennt ...
Der Autor gibt auch Teilhard de Chardin, Hux-
ley und Carl Sagan wieder, wenn er sagt „Wir
Menschen sind das sich selbst bewußt gewordene
Universum". (Douglas Conlan, Obl. OSB Cam.
Vidyajoti Journal, Indien)
** *"Es ist ein Grund zur Zufriedenheit, festzustel-*
len, daß eine Anzahl katholischer Experten auf
dem Feld der Wissenschaft und Theologie begon-
nen hat, Bücher zu schreiben, die die Sehnsucht
nach einer zeitgemäßen allumfassenden Vision
beantwortet. Dieses Buch ist eins davon." (Barry
Brundell, MSC, Gregorianum, Rom)
Bd. 27, 1997, 192 S., 38,80 DM, br.,
ISBN 3-8258-3466-2

Ulrich Woronowicz
Variable Wertesysteme als Basis
zwischenmenschlicher Beziehungen
Bd. 28, Herbst 1997, 364 S., 39,80 DM, br.,
ISBN 3-8258-3505-7

Jean C. Kapumba Akenda
Vielfalt und Objektivität der
Kulturformen
Zur Wissenschaftstheorie der
Kulturwissenschaften bei Ernst Cassirer
Bd. 30, Herbst 1997, 264 S., 49,80 DM, br.,
ISBN 3-8258-3590-1

Münsteraner Philosophische Schriften
herausgegeben von Prof. Dr. Kurt Bayertz,
Prof. Dr. Ludwig Siep, Prof. Dr. Josef Früchtl
Prof. Dr. Thomas Leinkauf und
Dr. Marcus Willaschek (Philosophisches Seminar,
Westfälische Wilhelms-Universität Münster)

Marcus Willaschek (Hrsg.)
Feld – Zeit – Kritik
Die feldtheoretische Transzendentalphilosophie von Peter Rohs in der Diskussion
Wie paßt der menschliche Geist in eine physische
Welt? Diese Grundfrage der Philosophie steht im
Mittelpunkt des Buches *Feld-Zeit-Ich* (1996), mit
dem Peter Rohs den Entwurf einer "feldtheoretischen Transzendentalphilosophie" vorgelegt hat.
Rohs betrachtet die Zeit als ontologisches Binde-
glied zwischen Subjekt und Welt. Das erlaubt es
ihm, eine Vielzahl von Phänomenen (vom Selbst-
bewußtsein über sprachliche Kommunikation bis
zur lebendigen Natur) in einem einheitlichen philosophischen Ansatz zu erklären. Der vorliegende
Band enthält vierzehn Beiträge, die sich kritisch
und zugleich konstruktiv mit der feldtheoretischen
Transzendentalphilosophie auseinandersetzen (von
M. Esfeld, V. Gerhardt, B. Gesang, H. Hoppe,
Chr. Jäger, W. Kuhlmann, G. Meggle, S. Mischer,
G. Mohr, M. Quante, B. Recki, A. Rosas, L. Siep
und Chr. Suhm). Rohs erläutert, verteidigt und
ergänzt seine Position in ausführlichen Erwiderun-
gen.
Bd. 1, 1997, 280 S., 44,80 DM, br., ISBN 3-8258-2963-4

János F. Bőröcz
Resignation oder Revolution
Ein Vergleich der Ethik bei Arthur
Schopenhauer und Ludwig A. Feuerbach
Bd. 2, Herbst 1997, 344 S., 69,80 DM, br.,
ISBN 3-8258-3518-9

LIT Verlag Münster – Hamburg – London
Bestellungen über: Dieckstr. 73 48145 Münster Tel.: 0251 – 23 50 91 Fax: 0251 – 23 19 72